谨以此书献给所有为爱和智慧行走的妈妈和孩子！

献给我亲爱的天蝎夫君！

我多么希望，有更多的父母，能把孩子带到大自然中，让孩子在行走和旅行中，感悟生命的可贵，学会做人做事，学会与人相处，播下梦想的种子！

——家庭教育专家、知心姐姐　卢勤

谢谢景蕾，用简单的行走代替繁复的说教，用路上的故事取代沉重的书包。

——央视新闻频道主播、
《我的一本课外书》主持人
顾国宁

陪伴就是教养 妈妈是你们永远的好伙伴。

我自立我自信 做好家务是自我管理的第一步。

历练平常之心 台下阳光自信，台上自在洒脱。

| **善行始于善心** 牵起陌生老奶奶的手："奶奶，您累了吗？我扶您。" |

| **积攒人生财富**　小伙伴是人生的第一桶金。|

孝亲就在当下　和姥姥们一起读书是在老家的日常。

教养孩子从旅行开始

央视少儿频道前导演的亲子旅行手记

景　蕾 著

漓江出版社

图书在版编目（CIP）数据

教养孩子从旅行开始 / 景蕾著 . -- 桂林 ：漓江出版社，2017.4

ISBN 978-7-5407-6721-1

Ⅰ . ①教… Ⅱ . ①景… Ⅲ . ①儿童教育－家庭教育 Ⅳ . ① G782

中国版本图书馆 CIP 数据核字 (2017) 第 058232 号

教养孩子从旅行开始：央视少儿频道前导演的亲子旅行手记

著　　者　景　蕾
责任编辑　周群芳　于净茹
装帧设计　红十月图文设计有限公司
责任印制　周　萍

出 版 人　刘迪才
出版发行　漓江出版社
社　　址　广西桂林市南环路22号
邮　　编　541002
发行电话　0773-2583322　010-85893190
传　　真　0773-2582200　010-85890870-614
邮购热线　0773-2583322
电子邮箱　ljcbs@163.com
网　　址　http://www.lijiangtimes.com.cn
　　　　　http://www.Lijiangbook.com
印　　制　北京大运河印刷有限责任公司
开　　本　889mm×1194mm　1/16
印　　张　15.5
字　　数　241千字
版　　次　2017年5月第1版
印　　次　2017年5月第1次印刷
书　　号　ISBN 978-7-5407-6721-1
定　　价　39.80元

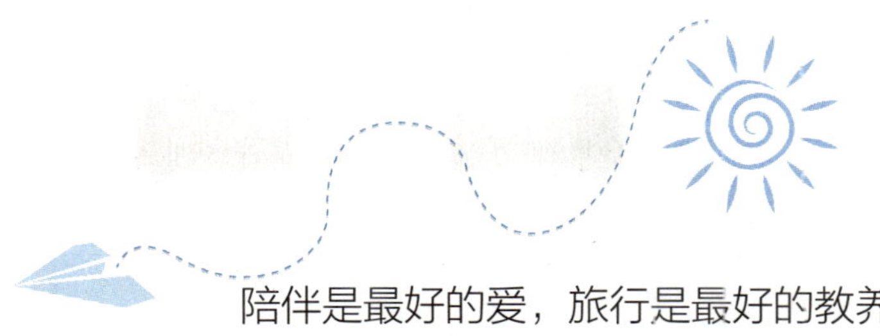

陪伴是最好的爱，旅行是最好的教养

脑科学研究的最新成果证明：我听到的会遗忘，我看见的能记住，我做过的才真正明白。

这说明，儿童的脑神经只有在他主动用脑的时候，才会得到锻炼。经历和体验，是任何人都代替不了的。那是一个生命成长必备的阳光和雨露。

行走、旅行，是人类体验世界的最佳方式，也是孩子成长的不可缺少的方式。

在旅行中，孩子用自己的眼睛看世界，用自己的耳朵听世界，用自己的嘴巴问世界，用自己的脚走世界，用自己的脑想世界，于是，外面的世界，在孩子的小脑瓜里就不是抽象的，而是具体的、生动的，从而形成他自己对世界的认识。

在这个过程中，孩子看见的不仅是美景古迹，听到的不仅是不同的方言，锻炼的不仅仅是稚嫩的小脚，而是收获了对生活的热爱，对陌生人的熟悉。修炼的是一颗真善美的心，打开的是自己的眼界，从而奠定了人生的大格局。

遗憾的是，面对升学和社会的压力，今天的孩子们这样的机会少而又少，许多孩子从小就被各种培训班和各种作业绑架，很少有机会出来。

当我读到景蕾女士的书《教养孩子从旅行开始》时，我非常兴奋！这是一个多么明智、多么有远见的妈妈！她坚信：旅行是最好的教养！她带着两个不足2岁的双胞胎女儿，游历众多名山大川，坚持“读万卷书，走万里路，和万人接触”，终于，两个女儿获得了喜人的成长，仅仅6岁，几乎可以适应任何环境，和任何人轻松愉快地相处。

孩子小小年纪能这么出色，正源于妈妈全身心地陪伴孩子旅行，与孩子建立起爱、温暖和亲密的关系，这是人生最重要的开场！

我多么希望，有更多的父母，能把孩子带到大自然中，让孩子在行走和旅行中，感悟生命的可贵，学会做人做事，学会与人相处，播下梦想的种子！

今天你种下眼光，明天将收获未来！

知心姐姐　卢勤

序言：陪伴是最好的爱，旅行是最好的教养 / I

准备篇 亲子旅行那些事儿 / 1

* 旅行不是旅游 / 2
* 在日常生活中旅行 / 2
* 慢一点，学会浪费时间 / 3
* 慢一点，请用合适的方式给成长以时间 / 4
* 慢等花开 / 4
* 不要心疼孩子的小脚丫 / 5
* 行走中的善行养善心 / 5
* 手机、相机、摄像机、书、涂鸦本、伴侣玩具和人民币，一样都不能少 / 6
* 每个旅行都有主题 / 7
* 一半尊重孩子，一半尊重自己 / 8
* 返璞归真是旅行真谛 / 9

目　录

出发篇　小朋友的旅行从身边认知开始 / 11

- 八角游乐园的流年 / 12
  - 周岁八角游乐园的旋转木马 / 12
  - 6 岁的攀岩 / 15
- 潭柘寺——乐呵呵爬山 / 18
- 青龙湖——北京的海 / 23

行走篇　不到两岁开始远行 / 27

一、每个人都有故乡 / 28

- 妈妈的故乡在延安 / 29
  - 紫小猫粉小猫第一次远行 / 30
  - 爱老人就是爱孩子 / 33
  - 在世界的角落连接世界 / 35
  - 延安中学 / 37
  - 学会别离 / 39

并没有结尾 / 41

* 回爸爸的故乡 / 43

不是爸爸他是谁? / 43

麦兜的烦恼 / 47

* 外婆在十三朝古都西安 / 50

二、世界那么大，我们去看看 / 54

* 黄河边上的碛口古镇和李家山村 / 55

* 北戴河的水母 / 73

美丽的单细胞动物会杀人 / 73

不论东西，都是人类的小孩子 / 80

天蝎是个笨小孩儿 / 89

小红白 / 91

* 南戴河 3 对双胞胎的友谊 / 96

* 两去上海 / 100

目 录

初来乍到，已被人性关照 / 103

世博会精力充沛的小孩儿 / 105

黄浦江上坐过来坐过去的轮渡 / 109

雷雨中洗澡澡的小孩儿 / 111

温暖的告别 / 117

人民广场吃莲子 / 119

朱家角的小乌龟 / 123

深度旅行之小长山岛 / 130

帽子被美人鱼借走了 / 130

边防哨卡 / 135

欢乐的金沙滩 / 140

2 个妈妈 3 个娃娃 / 142

妈妈害怕了 / 144

小长山岛上的朋友，会再见 / 147

你的大连我的小连 / 149

圣亚海洋世界里有趣的动物 / 149

小朋友可以一起拍照吗？ / 154

沿着海岸线行走 / 156

穿雨衣的快乐小孩儿 / 161

3 点起床的天蝎等在 6 点的站台 / 171

✱ 七月的三亚会变魔术 / 173

大东海的六一 / 173

夕阳下的亚龙湾 / 179

犯法的猴子 / 185

民族的风情浓缩在景区和舞台 / 189

三、仁者爱山之赏名山种仁爱 / 194

✱ 九华山别有洞天 / 195

九华山后山很清静 / 196

在危险里打了个转儿 / 203

目 录

驴友的矿泉水 / 211

* 山高水暖黄山行 / 213

好心的摄影师 / 213

带路的夫妻 / 221

黄山日出 / 223

* 沐浴在玉龙雪山的一米阳光里 / 228

* 不是收尾的尾声 / 236

25

准备篇

亲子旅行那些事儿

旅行不是旅游

射手[1]更喜欢“旅行”这个词语，和字典解释无关，和理念有关。

旅游，更多是走马观花，浅表经过，有从众，有媚俗，有跟风，有虚荣，有肤浅，有钱无趣，跟团赶路购物……

旅行，不同！旅行，是有着自己独有的姿态和风格，一步一步，踏实地行走。独有的体验在不断行走中，烙印成独有的自我。

旅行不是已逝台湾作家三毛《橄榄树》的歌词，也不是三毛上路时可以提着的一麻袋钱。旅行介于两者之间。出发前，准备好一颗淡定应对偶发事件和各类人等的强大的心。

准备好吃苦。有时候，也有必要自讨苦吃，如果这些苦头对孩子有益。

做个有趣的行者，把旅途变成和孩子共同成长的故事。有故事的人走在有故事的路上，遇到有故事的人，遇到有故事的世界，这就是旅行！

在日常生活中旅行

希望旅行成为孩子更好的成长方式，必须明白一点：生活不只在远方，旅行并不是必须在路上，有趣的灵魂可以在生活中旅行。

日常生活旅行的核心特点是：重复、熟悉、亲密。

一次性旅行是误区，更适合因各种客观条件主观原因而受限的远方。日常生活的旅行正是在重复中建立熟悉度、亲密度和感情黏性，在时光里显露不能替代的珍贵。这是建立在时间轴基础上的理念，很多平凡的瞬间，会因时间沉淀出光芒，

---

[1] 射手：作者是射手座，故在文中用“射手”指代自己。

也在积累中才能显示无比珍贵的价值。前瞻性的珍视、欣赏当下的心是基本条件。

如果您感兴趣，可以尝试以下几条建议：

1. 选择适合的地点，公园、游乐场、书店甚至商场，在自己生活的城市，留心发现孩子喜欢的地方，每个季节或者每年，至少去一次。

2. 确定固定项目，不分年龄段可持续反复带来愉快感受的活动项目。

3. 选择固定点，可以是单个，也可以是多个，坚持每年同一时间在固定点拍照留念。

4. 在孩子很小的时候，就带孩子一起去，并且坚持每年都和孩子一起去。

慢一点，学会浪费时间

每个人的节奏是不同的，孩子的节奏随着年龄一直处在变化中，越小的孩子节奏越慢。学会像小孩子那样心无旁骛地专注和“浪费”时间，我们会发现，这并不是真正的浪费。

允许自己停下来，在喜欢的地方；允许孩子停下来，在关注的地方。如果孩子愿意蹲在草地上几十分钟，因为一只小虫，就值得放弃整个游园的计划。不要催促，安静等待，只需要注视。当然，发现孩子并没有需要停留的理由，只是没有目的地耽搁，家长的判断力可以帮助分辨，并引导孩子继续行走。

在生活中，或者旅途中，人们容易着急，不断催促，常常赶路，但是在旅行中，日常的旅途中，首先需要告诉自己：慢下来。赶路是不明智的，因为旅行的核心是为了更好地发现自己，只有从容的心态和步调才能达成有效体验，从而帮助孩子发现自己。

慢一点，请用合适的方式给成长以时间

如何收获一个独立、自主、自律的优秀孩子？旅行是浓缩的锻炼。家长需要做的只有两个字：放手。

“放手”，和孩子保持适当距离，让孩子自由呼吸，允许孩子自己面对问题、解决问题，让孩子自己和别人相处、自己完成自己。

但家长作为更有经验的年长者，需要给孩子经验支持，所以这里补充3个字：不放心。

“不放心”在这里是说，虽然放手，但心必须时刻关注，随时可以给孩子提供必要的支持和帮助，不落痕迹地排解孩子无法解决的困扰，避免危险的发生，必要时伸出援手，让孩子深刻感知父母的强大支持。

射手和麦兜麦唛在九华山后山化解危机的小故事是这个理念的代表说明。

慢等花开

每一段旅途中，孩子走过的路、遇到的人、所处的情境、发生的事、触碰的物，都会悄悄藏在孩子的记忆细胞里，不要急于看到立竿见影的效果。

不同地方的阳光洒在孩子身上，每一个经过的气场悄然在熏陶，这一切都潜藏在孩子的细胞深处、身体某处……

旅途中的体验，就好像在冬季静待春天的种子，可能暂时看不出成长，但一次次，一年年，在时间中渐渐发酵。草，静静在结籽；花，慢慢在盛开。孩子需要时间积淀，成长收获她独有的美和好！

射手常常跟麦兜麦唛说：“爸爸妈妈把我们该做的做好，你们把你们该做的做好。每个人清楚自己的本分，安守本分，自律自主，一切都好。”父母的本分就是把自己酿成最好的土壤，提供可能的最好滋养，其他的顺其自然就好。

1岁多的麦兜麦唛在飞机上认真阅读拿倒的杂志，2岁的麦兜麦唛带着涂鸦本在动车上涂鸦，3岁的麦兜麦唛在高铁上看喜欢的图书，4岁的麦兜麦唛在三亚的沙滩上看到游人留下的各种“心”，5岁的麦兜在北戴河玩耍时突然离开悄悄给射手画了一颗美丽的“心”，6岁的麦兜麦唛在黄河岸上用树枝写一首小诗画一幅大画……

不要心疼孩子的小脚丫

如果真的爱孩子，就给孩子一些苦吃，也许这些苦并不是真的苦。

了解一个城市一个地方，最好的方式不是看地图查资料，是用你自己的脚走一遍，没有规划没有计划，只是漫步式的行走，如果时间足够，也尽可能留出这样的时间，必要，有价值。因为，走完这个城市，对这个城市的了解度，大概并不会比在这个城市居住了几十年的老居民更少。

行走的真正意义是慢下来，体验，走着体验一个城市，练腿、养心、磨毅力。走路和爬山，是锻炼孩子身体和毅力的有效方法。

当别人抱着孩子旅行时，麦兜麦唛看着坐在婴儿车里的同龄人，已经用自己的腿扎扎实实地走过很多路，所以，麦兜麦唛的小腿虽然瘦，但很结实。

行走中的善行养善心

合格的父母首先养孩子的善心，其次养孩子的健康，最后养孩子的知识和阅历。

为什么带着孩子去旅行，因为旅行开阔视野，增长见闻，锻炼毅力，因为我们需要一个优秀的好孩子。优秀的好孩子，首先需要有一颗善良的心。旅行的途中，父母要善于发现各种机缘，给孩子施善行的机会，用持续不断的善行养成孩子一颗善念的心。

旅途中我们会遇见需要帮助的陌生人，给他需要的帮助，但不忘记用他能够接受的方式，这是尊重。孩子会懂得帮助是相互的，不该有高高在上的优越感，应该感谢被帮助的人给予自己行善的机会。旅行中我们会遇见各种小动物，小孩子对待小动物的态度，就是善念爱心的胚芽，就是在扼杀恶，建立善。善要肯定和鼓励，才能发芽开花结果。如果你愿意相信，孩子对待小动物的善与恶，最终会回到人的身上，也可能就是将来对待父母的态度。这是极有可能的因果。

勿以恶小而为之，勿以善小而不为。

手机、相机、摄像机、书、涂鸦本、伴侣玩具和人民币，一样都不能少

有人提倡 n 不带，认为旅行需要和现实、日常隔离……

射手认为旅行也是生命的一部分日常，不用刻意剥离，该带的要带。射手提示的这几样貌似不必需，但射手个人认为必需，理由如下：

1. 手机：为在路上的你和孩子与亲友彼此报平安的联系；遇到障碍、意外、危险时有效的联系；记录发表旅途日志的即时工具；旅途空耗时间（比如堵车等）的即时阅读工具。

2. 相机：瞬时记录的最佳工具，此刻即永恒，未来供使用、回忆、分享等。

3. 摄像机：音、影、像记录的最佳工具，记录旅途中有趣、深刻的片段，留住时光，供未来使用、回忆、分享等。

4. 书：阅读是随时可以进行的美好生活方式，和谐融入旅途更是一件美妙的事情。填补时间空白，巩固孩子的阅读兴趣，养成见缝插针、即时阅读的习惯。真正的阅读不讲究时间环境，随时随地都可以进行的才是真正的阅读。阅读和旅行原本就不应该被割裂。

5. 涂鸦本：小孩子的即时涂鸦，和阅读类似，填补旅途空白时间。比阅读多出的功能是，可随时记录所见所想。养成整理思维、记录所见的习惯是必要的。

6. 伴侣玩具：越小的孩子出门越需要有一个心爱的伴侣玩具，帮助孩子适应陌生的旅途环境，也可培养孩子对于伴侣玩具的照顾关爱。家长需要做的是，引导孩子选择适合旅途的伴侣玩具，心爱的、便携的、不违规（比如可以登机的）等等。

7. 人民币：“穷家富路”，这是中国老祖宗传下来的宝贵经验。在路上，尤其带着孩子，准备好充足的金钱。我们可以锻炼孩子的毅力，给孩子苦吃，但是不能真的让自己和孩子陷入经济困境中。

每个旅行都有主题

无目标的漫步城市，和有目标的主题旅行，是相辅相成的。需要跟孩子明确每次旅行的主题：是去看海，还是认识沙漠？是去体验寒冷，还是忍耐酷热？是去观摩城市建筑，还是感受古镇魅力？

这些需要孩子在旅行前就清晰明了，出发时孩子会心凝一处渴望，利于深刻地体验。当然，最好的旅行是，每次出发前，父母注意到了孩子日常关注的焦点，确定的目标正是孩子会兴奋尖叫的渴望！孩子在成长中，会分阶段地出现关注点。比如麦兜麦唛两岁多时常常说：“妈妈，我们想坐大轮船。”于是，有一天，射手带着她们去上海，体验外滩“坐过来坐过去的轮渡”……

一半尊重孩子，一半尊重自己

无论日常生活，还是旅途，彼此交叉和彼此独立都需要同时存在。

每个人与生俱来是独立个体，和任何人，包括夫妻间、亲子间，最好的相处应该是相对重叠、相互交叉，试图完全重叠粘连在一起，是不明智的损耗，甚至伤害。

尊重生命个体，在这个基础上延伸出对孩子个体生命的尊重，彼此依赖，彼此独立，是两个独立生命可以成长为最好的自己的方式。随着孩子个体生命的逐渐强大，渐渐独立远离，去构建自己的生命空间。如果父母因为全心抚养孩子，始终停留在原处，忽略了自己的成长，会形成很深的失落和惶恐。

旅途，是一样的道理，和孩子完全粘连在一起，和孩子的兴趣紧紧捆绑，或者勉强孩子跟随父母兴趣，都是不尽如人意的旅行。

在一个阳光灿烂的下午，旅途中，射手只想停下来喝杯下午茶，麦兜麦唛吃完盘中美味的甜点后，也许会和射手一起看书、聊天，也许会询问射手：“妈妈，我可以去玩会儿吗？不跑远，就在旁边。”射手微笑：“当然。”射手坐在喜欢的大木椅上，天蓝云白，麦兜麦唛在不远处玩自创游戏。我们都很快乐。

这是旅行中的一部分。共享，或者独立地存在。旅行中，越多这样的存在越快乐，父母做父母想做的，孩子做孩子想做的，互相关照，不太牵绊。

如果你坚持说：“我家的熊孩子怎么可能让我不操心？一秒钟不见都可能出状况！”

也许……

射手：“人家的孩子……别人家的孩子，哦，我从不这么说。”

返璞归真是旅行真谛

很多时候，人们很容易犯一个错，或者眷恋过去，或者惶恐未来，偏偏无视当下。

佛法中于时间的最小计量单位是：刹那！

无数个刹那串联起来成就了人生。我们能够真实感触的，其实也只有刹那，而刹那却在不间断的流逝中……

有一个人，写书、拍纪录片、演讲等等，一件一件，很容易就成功。最后他选择一个宁静远郊，自己设计建造一栋小别墅，很像目前流行的隐墅。他住在自己的“隐墅”里开始热衷一件事：饮食。有记者和崇拜者慕名而去时，他穿着颜色洁白、款式宽松简单的布衣，冲泡茶水，只有一句回答：“我不过是做自己想做的事，然后一件一件用心地去做罢了。”

射手想，他要说的应该是：我做饭的时候只想做饭，我看书的时候只在看书，正如我现在给您泡茶也是一心一意地泡好这壶茶，然后我回答问题就认真地回答。我只是这一刻做好这一刻在做的事。

其实，这是多么地不容易……

似乎和旅行无关？但世间万事万物是触类旁通的，正如刹那即永恒一样，我们如果用心关照当下……

旅行缘起对这个世界的好奇，最终是为了发现并完成最好的自己，是一个体验的过程。

所以，旅行也许就是看一朵花开的专注……

旅行也许是回家路上，孩子穿着小雨靴在雨水坑里蹦跳……

旅行也许是饭后在厨房洗碗时，春风入窗拂面……

旅行，不一定要去远方，只在于你在瞬间看到了想到了感悟到了什么……

我们要练的终究只是一颗心，这颗心练就了，何处不欢喜，何处不成长呢？

毕竟，释迦牟尼佛祖是安坐于菩提树下成佛！但，佛祖看到了宇宙万千，何止一个小小的地球娑婆世界……

出发篇

小朋友的旅行从身边认知开始

八角游乐园的流年

生命有时重复，但时光会见证它的珍贵。

如果觉得有道理，不妨在你所在的地域，为孩子选择留下成长痕迹的乐园……

周岁八角游乐园的旋转木马

对于中国人来说，周岁，是孩子很重要的一个时间点。父母、亲人的爱需要外在形式表达？抑或孩子生命个体成长本身需要鼓励？总之，仪式感的庆祝自古就有，比如周岁抓周的习俗，民间流传已久，也叫作拭儿、试周，顾名思义含预测的意思，用家庭游戏方式预测孩子未来前途和性情，核心还是父母、亲人舐犊情深对生命延续的祝愿。

类似的还有产儿报喜、百岁礼，都是生日纪念的一种庆祝方式，中国古老传统民俗。

天蝎[1]和射手不免俗，射手说：“根本是个人性化的亲子游戏嘛，我们的祖先真是太智慧了。”

不过抓周好像有点儿简单，再怎样庆祝一下才满足呢？生日宴会？No！自己辛苦别人还要计算红包的事情，射手不做。

1岁的里程碑……未来成长的记忆……射手在思考……

[1]　天蝎：作者的爱人是天蝎座，文中常用天蝎指代她爱人。

有人说："若她心已沧桑，就带她去坐旋转木马；若她涉世未深，就带她去看尽世间繁华。""心已沧桑"的射手决定带尚未涉世的麦兜麦唛去坐快乐的旋转木马。

北京石景山公园，射手更喜欢它的另一个名字"八角游乐园"。八角游乐园有旋转木马，八角游乐园有好景致，八角游乐园动静相宜有安静的角落——射手单身时经常去的地方。

旋转木马凝聚了射手尚未老的童心，麦兜麦唛未来的快乐。射手似乎看得到自己的选择在时光里闪闪发光……

天蝎："你怎么带她们去啊？不嫌麻烦啊。"麦兜麦唛的周岁生日，不是天蝎休息日。

射手："没问题。"表妹在，两个大女人带两个小娃娃去八角游乐园，应该没问题。

带着婴幼儿出门，的确是件很麻烦的事，射手看到很多妈妈晒各种巨大包……小宝贝儿要吃要喝，要拉要尿，如果不会说不会走更麻烦……小宝贝儿体能还相对较弱，不能长时间在室外逗留，会需要睡觉……还会……还有……

可是，这其实都不是问题！因为每个弱小的生命，都自有他强悍的生命力！温室里的花才会越来越弱。

射手："麦兜麦唛不麻烦，麦兜麦唛是我甜蜜的负担！"娃娃虽小，射手和自己的娃娃分享世界、体验世界的心很强大！

在游戏中学习是孩子的天性。带着孩子玩，在玩中学习，玩出幸福感是射手要开始做的事情。射手伴随娃娃的成长拓宽了的自由半径怎可辜负？

麦兜麦唛第一次进游乐园，在一周岁生日当天。射手和表妹，两人各徒手抱一个娃娃。我们甚至没推婴儿车。

麦兜麦唛各种嗨玩的画面是不是已经在读者君心中蠢蠢萌动？No！ 1岁娃娃的生日旅行，我们只有一个目标，一个过程——目标很明确，带麦兜麦唛骑八角游乐园的皇家旋转木马。

检票的工作人员注意到了小小的麦兜和麦唛："双胞胎。"好奇过后，进入理性工作状态："这么小，怎么坐？不安全。我们还没这么小的孩子进去过呢。"

射手："是被你们拒绝还是因为没遇到过？"

工作人员想了想："还真没遇见过。都是孩子大点儿了才来玩，这么小的孩子不懂，带出来大人也觉得麻烦——来还不都是为孩子玩。"

射手笑："可是，我是爱玩的大人啊，我女儿今天周岁生日，所以想来分享一下妈妈从小喜欢的旋转木马。我和表妹一人抱一个，没问题的。如果不打扰您工作的话，我会非常愿意您帮我们。"

工作人员想了想，答应了。双层旋转木马，射手每次来都会上二楼，二楼视野开阔，旋转会更像飞，更少干扰，更清净。射手并没有因为抱着小娃娃屈就一层，毫不迟疑地走向二楼楼梯。工作人员跟着射手上了二楼，先小心地帮射手抱着小麦兜，待射手翻身上了旋转木马，再递过麦兜。表妹抱着小麦唛，站在射手的旋转木马侧边，一起来张合影记录一下。

表妹在工作人员的帮助下，在旋转木马上刚坐好，麦唛不高兴了，开始哇哇大哭。表妹说："是不是害怕了？"

射手远程安慰："麦唛很勇敢！这是旋转木马，很好玩，妈妈从小就喜欢，铃声一响，就会像小鸟一样上上下下飞呀飞。现在小姨抱着麦唛，待会儿换过来，妈妈抱着麦唛。如果哭，妈妈就不会抱了。"

麦唛眨巴着大眼睛委屈地看着射手。

射手微笑飞吻："看，像麦兜这样，手抓着前面的杆儿，妈妈看看谁抓得牢！看，妈妈也抓牢，就不会掉下去摔疼了。麦兜在妈妈的怀抱里，麦唛在小姨怀抱里，很安全。"

旋转木马开始旋转、旋转，上、下，上、下……麦唛渐渐安静下来，麦兜也渐渐放松下来，麦兜麦唛开始转头好奇地看看周围，渐渐开始笑，笑出声来……

一圈，一圈，又一圈……

麦兜麦唛在婴、幼过渡的1岁生日时，坐在北京八角游乐园的旋转木马上，看蓝天白云，看到又一个崭新的生命空间。

也许她们的射手座妈妈很“二”，但是，麦兜麦唛就这么顺利地适应了，并且开始感受到欢乐。

射手已经忘记坐了几次，应该不会超过3次。当我们离开时，之前哇哇大哭的麦唛已经可以稳稳把杆，独自坐在木马上，小脸儿透着自信。当然，射手貌似不经意，其实很贴心地守护在身边，毕竟她们还只是刚满1岁的小娃娃。

射手向工作人员表示诚挚的感谢，提议一起合影。朴素的工作人员带着温暖的人情味儿和对双胞胎的喜欢，腼腆地站在射手身边，麦唛好奇地注视着她……

未来的一年又一年，未来的春夏秋冬，麦兜麦唛将一次又一次来到这里……

生命有时重复，但时光会见证它的珍贵。

如果觉得有道理，不妨在你所在的地域，为孩子选择留下成长痕迹的乐园……

这是孩子生命最初的旅行，不仅是年龄范围半径的拓展，同时也有可能成为生命丰富性的延伸。

6岁的攀岩

正在换大门牙的麦兜麦唛，9月就要上小学一年级了。入学前，麦兜麦唛初次尝试八角游乐园的攀岩，算不算自己安排的成长礼？

经过时，麦兜提出想攀岩。射手：“确定？”麦兜肯定地点点头：“我确定！”去售票厅的路上，麦兜兴奋地跟麦唛说：“我就喜欢刺激，越刺激我越喜欢！我才不害怕呢！我肯定可以！”

麦唛：“我才不攀岩呢，我害怕，把我摔下来怎么办？”

射手："麦唛，你想清楚了啊，别后悔，因为妈妈了解你，你的行动力可是比麦兜强多了！麦兜可以做的，你只会比她做得更好！可是你为什么自己吓唬自己？你都不知道自己多么棒！"

麦唛心有忌惮地看向陡峭的岩石，想了又想，终于点点头："我也要攀岩！"

攀岩开始了。

麦兜在上面喊："妈妈，我手很疼。"射手仰头喊："妈妈知道很疼，攀岩肯定会疼。但你想清楚，如果下来，你会后悔吗？攀岩是你自己的决定，想想刚才你那么想攀岩。肯定疼，妈妈知道，但是如果坚持一下下，就可以过那个坎儿了，麦兜要不要坚持，麦兜自己决定。"

麦兜想了会儿，继续努力了一下，然后哇的一声哭了："妈妈，我觉得很疼！太疼了。"人们都在劝射手："是疼，特别疼。孩子太小，让孩子下来吧。"

射手说："麦兜，下来还是咬咬牙继续，要不要翻过那个坎儿，你自己选择，但是不能停，停下来你就只有疼。"麦兜想了想，还是松手下来了。

麦唛整个情绪都没有

调整好，当她刚开始有些感觉时，脚踏空掉下来悬在空中。麦唛在掉下来的一瞬间惊惶失措地大喊："啊呀，我该怎么办啊？！"话音未落已身不由己地掉到了地上。

踏实落地后发脾气哇哇大哭。

看着麦唛哇哇大哭的样子，射手很想笑，但射手知道这时小家伙需要妈妈的怀抱和安抚，于是忍住笑，牵着麦唛的手到边上休息区坐好，把麦唛拉入怀中任由她哇哇大哭。麦唛哭了 5 分钟左右才渐渐平息。

射手掏出纸巾帮麦唛擦干眼泪，说："其实你们很不错，毕竟是第一次。不过我们可以一起来分析一下，找到最好的方法以便下次做得更好。之前妈妈就建议你们先观察，先请教攀岩的工作人员，肯定是有方法的，任何事情先找到方法才有可能成功啊。还有，妈妈觉得你们信心不够，麦兜开始很有自信，可是中途泄气了。小麦兜从小都是决定要做一件事情，就一定可以做好，只是需要多给自己信心。麦唛刚才脚踏空是个小意外，妈妈了解那种感觉，很害怕很惊慌不知道该怎么办才好，但是你看到了，其实这很安全，悬在空中时如果你不那么害怕，还可以体验飞的感觉呢。"

麦兜麦唛一边一个紧挨着射手，麦唛泪眼朦胧地看着射手，麦兜听着听着，转头去观察正在攀岩的人……麦兜麦唛开始分析讨论，怎么样落脚、踩步，怎么规划路线……

麦唛："妈妈，刚刚我有点走神了，不小心手一松就掉下来了。"

麦兜："妈妈，我下次会爬到顶的。"

这只是一个开始，眼泪流过后会越来越勇敢，攀岩成为麦兜麦唛告别学龄前的标志项目，从此也成为麦兜麦唛每次去八角游乐园新的主题项目。射手知道麦兜麦唛会越爬越高，也许，下一次就可以攀顶！

潭柘寺——乐呵呵爬山

潭柘寺，是麦兜麦唛人生中爬的第一座山。“山不在高，有仙则名”。潭柘寺不高，有千年古树帝王树，据传从清朝开始，每有一位新的帝王登基，帝王树就会长出一根新的树枝，渐渐和树主干合为一体……

与潭柘寺的相遇，是偶然，完全的偶然。

是在麦兜麦唛1岁半时的春天，清明。

就好像人生都是渐进式的成长，旅行也好像圆的半径，是顺应孩子的生理成长心理需要，环绕以家为圆心的半径开始渐渐延展……

麦兜麦唛的旅途，就是从北京城内的短途旅行开始逐渐延展……

潭柘寺在北京城郊区，门头沟区东南部的潭柘山麓，距市中心30多公里，寺院坐北朝南，背倚宝珠峰，据传建于辽代，是比北京城还古老的著名佛教寺院。可是，说起来惭愧，在去之前，射手从不知道潭柘寺。

射手心中郁闷非常，好不容易等来的清明短假，天蝎居然先斩后奏，一声不吭下班直接坐上火车回他老家了。等不到天蝎回家，射手晚上8点多时打了个电话，听见天蝎弱弱地说：“我在火车上。”

射手摔了电话，气疯了。

天蝎真的很过分。妻子一人带俩孩子，刚来个亲戚女孩儿，他居然就把假期拿给了家人！对！射手那时失望地想：“我不是家人吗？妻子和孩子不是家人吗？”对啊，抛开出差和加班的时间，正常工作日朝六（八）晚七（五）的时间给了单位，晚7点左右进家门，到10点左右上床睡觉，给妻子和孩子的时间实在不多……

短短3天清明假期，射手和麦兜麦唛很期待……

然而，天蝎竟然先斩后奏！

天蝎一不尊重射手的感受，二不体谅射手的心情和辛苦！射手直接的反应就是愤怒！

麦兜麦唛如常睡了，射手却气愤难平，无处发泄，也不懂得倾诉，骄傲到发霉地只知道一个人生闷气！

很巧，射手好友电话来了，但听出射手情绪不佳，询问无果。好友问："天蝎哥呢？"射手："回他家了。"好友："和天蝎哥吵架了啊？"射手："吵架也挺好，可惜没架吵。"

好友各种不落痕迹地安慰，射手只是闷闷的，好友问："天气预报说这几天天气挺好，明天有什么安排没有？"射手："没有。"好友："去爬山吧，让小朋友呼吸呼吸新鲜空气。"

射手："好。"

潭柘寺的短途旅行就这样定了。

天蝎的电话来了，射手不接。家里的电话响了，射手给亲戚女孩儿说："你姨夫打来的，告诉他我不在家，就说你也不知道去哪儿了，有个不认识的人开车接走的，带着麦兜麦唛一起。"

亲戚女孩儿把射手教的话复述过去，天蝎反复追问去哪儿了、和谁，奈何问不出来，于是嘱咐亲戚女孩儿注意安全，锁好门，估计很郁闷地挂了电话。

在天蝎再见到射手之前，射手不再接听天蝎电话，短信也不回。

为什么射手写这么详细的前因，不直接切入主题？

因为射手深知，在小朋友两岁以前，新爸爸新妈妈会经历怎样的磨合期。尤其是自己带宝贝的全职新妈妈在这期间多么辛苦劳累，多需要来自夫君的呵护、陪伴和尊重……如果不能，一个人生煎？抑郁和焦虑就是在不能自我消化的过程中渐渐积累形成的心理问题。

友情，是人生不能缺失的重要部分。女人们如果在进入婚姻和家庭之后，淡漠了友情，把自己的生命完全托付给爱情和婚姻，是不明智的。

射手始终相信，这世界上有纯粹的友情，也就是现在流行的男闺蜜、女闺蜜，古称的青衫之交、蓝颜红颜知己。人生应该有属于自己的绝对友情，友情比滥情比婚外情更加靠谱。

比如，这一次，当射手对天蝎夫君失望，心情沮丧至极时，友情适时地用自己的方式给予了安慰和纾解。

同时，也促成了麦兜麦唛两个小人儿人生的第一次爬山。

坐在好友车上，听着70后专属的音乐，春天的风从车窗吹进来，天空晴朗，大团儿的云朵洁白柔软。麦兜麦唛兴奋地看来看去，奶声奶气地说啊笑啊，亲戚女孩儿也很兴奋，体贴地照顾着麦兜麦唛。射手不说话，听着音乐，安享愉悦，好的天气和暖的春风在渐渐吹散射手内心的阴霾。

从这么小就可以看出，麦兜麦唛是精力充沛、活力四射的小朋友，好奇心强，喜欢探索。她们笑啊，跑啊，在人群中穿梭，很开心。憔悴的射手，因为心情的原因，都没有换上好看的衣服，走在大好春光里，深感辜负。

大人们会跟小孩子说："快看，这两个小朋友都不要抱，自己走路，多棒！"

一路上，有坐在手推车里的小朋友，有被大人抱着的小朋友，看起来，麦兜麦唛年龄偏小，但麦兜麦唛一路高高兴兴地自己上山。路过哭闹着要抱的小朋友时，就有大人指着说："看，双胞胎小朋友都自己走。"

孩子和孩子不同，体质不同，个性不同，应根据孩子体质和需要决定走或者抱。

潭柘寺不高，走走，坐坐，玩玩，匀速游荡，麦兜麦唛还在发育的腿骨，不会被累着，也满足了她们的活泼个性。

走走，玩玩，坐坐。坐台阶，是射手的情结。石头台阶，木质台阶，射手看到台阶就想坐一会儿，通常也会安静地坐一会儿。麦兜麦唛小朋友模仿力很强，见到台阶，也是各种坐。坐一坐，美美的。

好友虽然未婚，但个性体贴细致，反而比射手这个妈妈更加懂得关注照顾小朋友。总担心麦兜麦唛摔倒了，被人们踩着挤着了。一路地追，小家伙儿像小泥鳅哗就滑走了，哎哟哟，这下逮着了，先拍一张哈。

“你要休息，我不要休息。看，给你吃。”麦兜麦唛轮番捡了树叶假装是“菜菜”给好友吃。小宝贝的游戏力无处不在，赞！

在人群中穿梭跑跳，看到佛教的各种物品，在寺院高处俯瞰层层叠叠的屋顶，抚摸千年银杏。射手尝试讲给麦兜麦唛帝王树的故事，捡拾树叶、花瓣，在很多台阶上留下温暖的小屁股印儿……

潭柘寺，麦兜麦唛来过了，在还不认识“潭柘寺”3个字的时候，已被潭柘寺的香火熏陶……

夕阳西下，该回家了。下山路上，天冷了，小朋友困倦了，来，妈妈背背我的娃娃。我们回家，回到温暖的家。

射手一路哼唱着：“背背，背背我的娃娃。我们回家，回到温暖的家。”

好友不会背，抱着的麦唛不干了，也要背，亲戚女孩儿把麦唛抱起来放到好友背上……

天蝎晚上打电话回来，亲戚女孩儿仍旧把射手教的话传过去：“小姨还没回来，我也不知道去哪儿了……”天蝎再打射手手机，拒接。

天蝎发短信：“注意安全。”射手没搭理，不过这时候的射手已经在偷笑，不那么在意和生气了，这就是旅行的价值。如果没有友情支持，射手和麦兜麦唛不会有这次旅行。

女人，如果因为爱情、婚姻、家庭失去了友情，是很笨的事情。友情的意义就在于爱情不能完成、亲情使你恼火的部分……

在天蝎清明假期结束深夜回到北京时，射手在第二天带着麦兜麦唛坐上了回延安的飞机：“你有家，我也有娘家，我该回延安看外公外婆了。”潭柘寺之行，使射手发现麦兜麦唛已经具备了远行的体力和精力。

一个月后，天蝎在北京西客站接射手母女时，早已经忏悔过无数次了……距离强化了天蝎的情感，事实教会天蝎如何体谅妻子的付出，如何成为一个合格的夫君和父亲……

生活会让新爸爸新妈妈渐渐学习平衡大家族和小家庭的关系，这是婚姻必须经历的课程。夫妻不能学会和谐相处，家的平衡点找不到，孩子的成长环境、基本土壤就还没有准备好，其他都是纸上谈兵，这就是潭柘寺之行背后的深意。

青龙湖——北京的海

青龙湖，是距离北京市区最近最优质的开阔水面，相当于颐和园、玉渊潭、中南海等水体的总和，被赞誉为“北京的海”。

邻居在论坛里的水塔发的图，孩子们站在台阶式的水流里，既欢乐又似乎很安全。照片拍得很美，有沙滩、有湖面，还有大片的绿地、树林。射手询问得知是距离市区20多公里丰台和房山交界处的青龙湖公园。虽然缀着一个公园词尾，其实已经是顺应城市旅游业发展的势头，围绕青龙湖开始修建了休闲度假区。

8年前，射手一家初次去的时候，青龙湖的门票才不过10元钱，人也不会很多，大片的绿地都是清净的。

如果读者君足够细心，会发现射手在之前有提到“安全”“欢乐”。对，这是足以吸引射手带着不到两岁的双宝贝前往的动力源泉。人的天性大都喜水，小孩子爱玩水、爱玩沙子，热爱大自然的天然游乐场，但这一切都需要在“安全”的前提下。

于是，查阅资料，翻看地图，进一步地去了解，然后，在周末，我们全家出发了。带着沙滩玩具、轻松脱换的小裙子，便于戏水的小裤子和大毛巾，食物、水……再以后我们还会带着帐篷来。

青龙湖，北京的海，在麦兜麦唛幼年时期，青龙湖满足了小孩子对于水的所有向往，青龙湖的魅力超越了北戴河、三亚等地真正的大海。对于幼儿期的孩子，环境带给她们的实际愉悦感高于成年人的成人视角。孩子不在乎是不是真的大海，孩子在意的是有没有令她们愉快玩水的阵地，以满足她们对于戏水、玩沙、从林奔跑的需求。相反，大海反而不能够令她们满足。

大大的北京城，有不少的名胜古迹，有相当多的知名景点景区，也有不胜枚举、好玩的郊区野景，射手和麦兜麦唛至今虽没有全部走遍，但走过的要一一记录下来，也会是一本厚厚的书，所以这本书只会有选择地记录很少的一部分。写下青龙湖的目的在于，认真审视如何选择是一件重要的事情。我们需要根据孩子的实际需求，而不是跟着潮流、跟着成人的视角走。

毕竟，我们是带着孩子行走。孩子，在这个行程里将要获得什么，每一次，做家长的都需要仔细考量清楚。即使单纯的游山玩水，也自然有作为成年人可以借机分享给孩子的经验和知识，或者仅仅是童趣，都在给孩子的成长值加分。

那些被孩子选中的地方，孩子一而再再而三愿意反复去的地方，也必将成为

孩子童年珍贵的成长部分，美好的生命记忆。而这些局部的美好和珍贵，叠加起来就组合成为未来美好的孩子。在父母了无痕迹的带引下，成为愉悦的自主选择，对于孩子的成长是了不起的事情。

射手需要强调的是，青龙湖不只北京有。青龙湖只是一个概念，学习发现自己所在城市的、身边的、孩子喜爱的好去处，才是这篇文字的价值所在。

LAVAZZA

行走篇

不到两岁开始远行

一、每个人都有故乡

妈妈的故乡在延安

射手的故乡在黄河流域，著名的壶口瀑布所在地陕西延安。贺敬之著名的诗句“几回回梦里回延安，双手搂定宝塔山”所述的革命圣地、新中国奠基地延安。

延安在大多中国人心目中就是中国革命的符号，但却很少有人了解延安自古以来处于民族融合边界的重要位置和作用。很多人知道延安地下埋藏丰富的黑金，却未深想黑金的来历，其实是远古这片黄土高原上广袤的森林。历史上各种战争中被战火焚毁深埋地下的森林资源，经过时间的堆砌，成为现代的煤炭、石油资源。延安方言口语绵软，尾音甘甜，自成一体，更神奇的是延安方言日常用语隐藏着高深的古代汉语言文字。语言学家说：“延安人说的是古汉语。”说着古汉语的延安人，居住在远离喧闹城市的黄土高坡上，一方水土养育一方人，黄土地养育了黄土地人。延安不是天空，是大地，不是水泥地，是土地，是包容、踏实，让人安心的土地。

正如延安在射手的心里，不是一个城市符号那样简单，麦兜麦唛有一天会明白故乡的意义。

射手说：“延安很好，是一个好的城市。”

别人会不屑地说：“那你为什么不回来定居？”

射手说：“生命的事情不是自己想怎样就怎样，顺命随缘，不可以强求的。”

射手明白命运的本质就是顺其自然，射手和延安的缘分更多是内心的深情，上天给射手安排的是不停游走，然后目前定居北京，一样的北方城市，和延安有着种种内在的关联……

射手常常在想，当年如果外公留在北京，不坚持回陕西，射手的生命就会简单很多，只剩北京城吧，或者会在另一个远方？安稳地停留在原处，或者流浪在途中的远方，这是人类永恒纠结的宿命。人类社会自古就有游牧民族和农耕民族，从某种意义上来说也代表了人类对于停驻与行走的内在需求。

在这个世界上，很多生命，包括人类，父母与子女的相遇最终是为了离别，父母将孩子抚养长大，老鸟的翅膀不再有能力继续呵护羽翼渐渐丰满的幼鸟时，父母只能一次次目送孩子远去的背影……

故乡，对于麦兜麦唛来说，初次感受到射手归来的欣喜，离别的悲伤……人类复杂的亲情体系，以及家族情感和个人发展的关系，故乡对于个体心理情感内在的重要位置，孩子们终将会在这一次次的归来和离别中渐渐明白，也终将面对留守与发展、归来与告别的选择。

紫小猫粉小猫第一次远行

延安，射手的故乡。虽然只是一个西北小城，但射手对自己的女儿说：“你们的血脉里一半留着延安人的血，你们是半个延安人。延安是妈妈的故乡，也是你们的故乡。”

在麦兜麦唛还不懂得这些话的意思的时候，射手带着 1 岁 4 个月的小朋友已经踏上了回延安的旅途。

这是麦兜麦唛第一次离开北京，离开家，远行。

初次的远行，麦兜麦唛是从爸爸妈妈的小家回妈妈生长过的大家庭。“延安，有妈妈的外公外婆，你们的姥姥[1]。”射手这样告诉娃娃们。在飞机落地见到迎接娃娃们的笑脸之前，麦兜麦唛还不能够清晰地理解称呼之后的亲缘关系。这第一站的远行，回家，会让她们拓展关于家庭的视野，明白爸爸妈妈所在的小家之外的大家，明白每一个称呼之后的亲密血缘关系。

射手回来了，这一次，带着自己的娃娃，升级做了妈妈。家人们，这一次的相见多了一份期待，成为生命中新的开始，因为，大家族又多了两个小成员，新的生命带给老人们的是年轻人尚不能理解的欢喜。

延安人有句话：“爱你的，你身上掉下来的也爱。”外公外婆带大了射手，对射手的孩子也已有源于骨髓的深情，深情只待相见。

快 1 岁半的小朋友，已经会走路，可以很好地表达需求，麦兜麦唛已经具备了远行的条件。远行，可以帮助她们建立适应环境、与陌生人相处的能力，反哺

[1] 姥姥：延安话里面，将四代同堂中辈分最高的人统称为“姥姥”，无性别之分。

体能和智力。

射手特意带上了麦兜麦唛的消毒奶锅和两大桶水，从北京自家水龙头接的生水，装在农夫山泉2升的大桶里。小麦兜小麦唛第一次远行，1岁多的肠胃很柔弱，需要特别地照顾缓冲更换水土的痛苦。水土水土，主要是饮水适应性。到达延安后，这两桶水会派上用场。

第一天，麦兜麦唛完全用北京带的水吃奶、饮用、烹饪食物。第二天，按照2：3配比北京延安的水混合使用。第三天，按照3：2的比例调配延安北京的水混合使用。第四天，开始完全使用延安的水。

娃娃们的肠胃照顾好了，基本健康问题就不用忧心了，无论居家还是旅行，大人孩子就都安生了。

其他的，就面对吧。面对，就是建立孩子的适应性，适应性好对孩子成长很有利。

麦兜麦唛带着她们心爱的伴侣玩具。第一次出远门，麦兜麦唛有很多的放不下：“妈妈，我的玩具会想我的，我的喜羊羊会想我的，我的紫葡萄娃娃会想我的，我的大狗会想我的……”“我的玩具也会想我的，我的美羊羊也会想我的，我的黄橙子娃娃也会想我的，我的小猫也会想我的……”“妈妈，我也会想我的小床，想我的玩具的。”……

射手：“你们可以选择一个玩具伴侣，带着它一起回延安。”

麦兜麦唛：“妈妈，我们可以带玩具？”

射手：“可以，当然。”

麦兜麦唛欢欢喜喜从儿童房跑进跑出。麦唛高高兴兴的，手里握的怀里抱的：“妈妈，我要带这个……我还要带这个……还有这个……”

麦兜：“可是，妈妈我拿不了，多，我手太小了，口袋也装不下……”

射手：“如果我们把家也搬到延安，那么你们的小床，所有的玩具，就都没问题了。”

麦兜麦唛欢呼：“哦，我们的房子也搬去！”

射手：“可是，我们家不是空中飞屋？怎么飞呢？”

麦兜麦唛：“妈妈，为什么房子没有翅膀？为什么不是空中飞屋？”

射手：“因为妈妈还没有学习好魔法。不过，妈妈会变别的魔法，明天用飞机魔法，我们很快就到延安了。玩具、小床都会在家等我们的。现在，你们选择可以装到口袋，也可以握在手里的玩具，让它和我们一起去旅行。”

第一次出门，麦兜麦唛选择的伴侣玩具是（麦兜）粉小猫，（麦唛）紫小猫。小小的，会被射手忽视的小玩偶。写这些文字的时候，粉小猫和紫小猫就站在射手桌边的台灯下。麦兜麦唛长大了，8 年的时间已经让幼儿长成了小姑娘，9 岁的小姑娘已遗忘了她们幼时的伙伴，射手却因为女儿幼时对紫小猫和粉小猫的喜爱，把它们珍视地放在桌边。

紫小猫，粉小猫，麦兜麦唛小时候就是这么叫它们的。

射手有时会专注凝视紫小猫和粉小猫，努力寻找孩子的视角，发现孩子眼中这对小玩偶的可爱之处。

与其说我们给予孩子，不如说我们和孩子彼此给予。如果没有孩子的出生，我们完全无视已经被岁月碾压过的单一扁平视角。因为孩子，我们的视角有了丰富延展的可能性。

麦兜麦唛背着小熊包站在延安机场，好奇地打量周围。射手蹲下来，尝试用麦兜麦唛的视角看延安。短时间内，空间的巨大改变，小朋友还需要适应，要想想，好奇，新鲜感，都在眼神里闪烁。

射手问：“我们现在在哪里？”

麦兜麦唛想了想，奶声奶气地说：“延安。飞延安了，妈妈。有姥姥。”

爱老人就是爱孩子

射手任麦兜麦唛逗留在延安机场，所有的旅客都已经离开了，机场只剩下我们。也许是因为一个女人带着一对可爱的双胞胎，专业目测是无害的，所以机场工作人员并没有驱赶，宽容地默许了我们的逗留。

可是外公在外面等着急了。人们都走光了，为什么外孙女和从未见面的重孙女们还没有出现？工作人员匆匆从出口走进机场：“是你们吧？你爷爷在外面等着呢。”

射手招呼麦兜麦唛：“宝贝儿，走啦，姥姥在外面等着我们呢。我们去看姥姥！”

外公守在出口的最显眼位置，第一时间因为看到我们展露出他的招牌笑。爽朗的笑声，有着阳光般的感染力：“哈哈哈！你们怎么这么久？”

射手招呼麦兜麦唛指认过去：“看，姥姥！妈妈的外公！也是爱你们的人！去，找姥姥。”

麦兜麦唛迟疑地走过去，看着陌生的老人。外公已经一手一个牵起麦兜麦唛的小手：“哈哈，姥姥等了你们半天了，累不累？渴不渴？饿不饿？走，回家去！哪个是麦兜？哪个是麦唛？”

母女连心，妈妈对于一个人的信任，宝贝会第一时间敏感地捕捉到。麦兜麦唛因为射手妈妈传递过去的信任，放心地让姥姥牵着，没有拒绝，不时回头看看射手。

越小的孩子心灵越干净，对这个世界的感知越敏锐、清晰，她们能迅速用自己的方式捕捉到对方的真挚，而姥姥内心的爱和喜悦在第一时间毫无遮拦地被麦兜麦唛感知到了。

带着孩子回到故乡的家，是否和没当妈妈之前一样呢？应该是不同的。

射手我，不同。这次回家，射手关注到很多以前忽略的生活细节，麦兜麦唛蹦跳的床上的被单和射手年纪差不多大吧？那么削薄，肌肤之亲的物品——外公外婆已经是 80 多岁的老人了，为什么以前从没注意过呢？

从此，射手会关注外公外婆日常生活用品，及时给外公外婆更换舒适的床单被罩。贴身日常之物，是最基本实用的关爱，我们却常常忽视。

中国有句老话说：“人心都是朝下长的。”爱孩子所以给孩子最优是人类本能，貌似天经地义，其实不然，孩子吃苦才能成长，老人享福自是应当！尊老爱老，爱有根基，才能生长茂盛，才会在未来反哺自己。如果有人对射手抱怨：“我家孩子特别自私，只管自己，我简直养了个白眼狼，亏我那么爱他（她），实在伤心……”射手不会同情，因为自种因果。如果有人问射手：“怎么才能让孩子有感恩心，懂事孝顺？”射手：“最简单有效的方法就是爱自家的老人，并且告

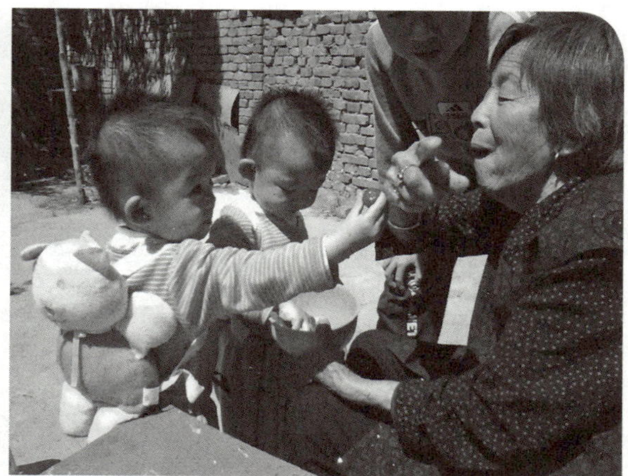

诉孩子为什么要关爱老人。”

为什么？因为老人爱并付出，不计得失，是我们亏欠他们。

在世界的角落连接世界

麦唛很有耐心地等在旁边，虽然尝试了多次，麦兜仍舍不得结束通话。天蝎每天的电话，让小朋友安心，北京的小家等在那里，爸爸随时可以接我们回家。麦兜麦唛拓展的认知迅速到让天蝎应接不暇，每天的电话里有说不完的人和事，奶声奶气的口语表达令人欣喜。

麦兜麦唛会渐渐懂得互相谦让，尽量公平。在麦兜麦唛起争执抱怨不公平时，射手说："这个世界，没有绝对的公平。"

麦兜麦唛在争执中学习处理姐妹间的矛盾，建立亲密的姐妹关系。离开北京的小家，回归人口密集的大家庭时，麦兜麦唛将会得到更好的学习，学习如何与人友好快乐地相处。

回到北京时，天蝎会惊讶，长大了！

每一次的旅行，孩子都会快速成长，超越常规日常的成长！射手也会在未来每一次旅途中发现这一点。

大家庭的各种亲缘关系，在独生子女时代尤显珍贵，各种亲情称谓汇聚起来，不再是卡片上冷冰冰的文字和陌生人图像，而成为人与人之间真实的连接，孩子确切的体验。

“为什么有两个姥姥？”麦兜麦唛困惑过后，注意到女姥姥更喜欢穿红色衣服，男姥姥喜欢经常坐在书桌前看报纸。当听到麦兜麦唛自然叫出“红姥姥”“坐椅子的姥姥”时，每个成年人都笑了，麦兜麦唛用自己精准的观察力和表达力清晰地区分开了。

麦兜麦唛正值语言发展期，同时发展着对于关系的理解和认知。“红姥姥”和“坐椅子的姥姥”集中外显了迅速提升的认知能力！

小笨蛋，金金小姨把袜子套在她手上，美得舍不得脱；小臭美，毛毛小姨给她买了新衣服，笑得合不拢嘴；丑丑舅舅好奇地看着你们，小心翼翼看护你们……

“姥姥”“老姨”“小姨”“舅舅”……每一声叫出去，麦兜麦唛已经可以感知每个称谓的温度、性别和关系。这些关系的温度和连接，建立着麦兜麦唛最初认识人群、与人相处的态度和模式。

麦兜麦唛会渐渐明白，每个人都活在世界的一个角落，看到的都是世界的局部。同时，每个人也活在一个关系网中，每个人都被各种关系所环绕、交错、交织……母女关系只是人与人之间的一种关系，母女和母女之间的相处方式也各有不同。她们也会明白，射手一直在寻找最好的方式和她们相处。

3 岁前的完整陪伴已在时间中显露价值，因为，麦兜麦唛自幼被爱和温情包围，所以，她们个性稳定、内心安全、对人友善，写这些文字时，已经 9 岁的她们人际关系和谐，待人接物妥帖有礼，很受欢迎。有不同职业不同学历不同年龄段的家长曾表示，希望孩子和麦兜麦唛做朋友。

延安和北京，正如每个城市一样，有很多值得去的景观。延安，多有革命旧址。麦兜麦唛，长大后，在历史书上、课本上会看到的这个地理名字，她们成长中却曾一次次前往。

延安中学

一个青春的记忆？不仅仅是。

延安中学是中国共产党创办的第一所中学，射手的母校，射手家中几代人同是延安中学的校友。带着自己的孩子回母校是一种特殊的旅行。

学校，受教育、接触人群、发展自己的所在。中国有句古语“凡事预则立”。孩子不排斥学校、对学校接受，孩子不厌恶学习、对学习充满热情，这些都是人之初有意识建立起来的概念和认知。射手也曾经在学校做学生，母校就是射手曾经学习过的地方。妈妈回来看望母校，1 岁半的麦兜麦唛感受到的应该是：妈妈喜欢学校，学校，应该是个好地方。这就够了。

下图，射手带着麦兜麦唛从学校后门进入操场时，学生们刚下课间操，于是上演了这场对学姐和学姐宝宝的热烈围观。当然，青春年少的学子们并不知道射手是他们的学姐，他们是被双胞胎宝宝吸引过来的。

这些年轻的脸，会成就怎样的未来？时光转瞬，他们的今天，不就是 20 年前的射手吗？ 20 年后的麦兜麦唛呢？

生命无限循环，父母如果可以用发展的眼光看待孩子，并适时回顾年少时自己和父母的相处，也许会更开明，更容易和孩子建立有效沟通。

离开学弟学妹的包围圈，松了口气。上课铃响了，校园恢复宁静，射手带着麦兜麦唛游荡。

又见熟悉的台阶。在台阶上坐坐，麦兜麦唛和妈妈在一起。射手在回忆。

当年，突然听到歌声："冬季到台北来看雨……"整个人呆住，安静倾听，生怕一动美妙的音乐就逃掉，直到全曲终了，才缓缓转过身，朝着校园广播的方向……第一次认识孟庭苇，就是在这个台阶上。那时这里并不一样。

喜欢在台阶上坐，喜欢在台阶上走，喜欢台阶的台阶情结。拿出些小习惯小嗜好，可以在孩子很小的时候一路分享，将成为亲子间的一种亲密方式，练就包含着母亲气质的渐渐成熟的孩子专属的气质。母亲对于孩子的影响力不可低估，善用这影响力，是一种智慧，可能绕开亲子关系难以梳理的障碍。

校园已经完全不同，射手带着麦兜麦唛行走的花园小径，在射手上学时还是校园广场，进入学校就是校园，没有花园没有小径没有喷泉，现在的学校校门是冷硬的现代科技，校园内部是花园式的。

发现了什么？有一个班级在校园的草地上立下一个小小的纪念碑："青春岁月。"

射手用手指点着慢慢读："青春岁月。"麦兜麦唛好奇地注视陌生的文字。射手："石头上写的4个字，是妈妈曾经在这里学习的时间。"

前门，麦兜麦唛进进出出的校门，射手曾进进出出的校门。校门换了，但位置是一样的，校名是一样的。人一样，也不一样……

学会别离

要走了……回来，离开，相聚，别离，是一个完整的过程。好像一个浓缩的人生。麦兜麦唛将在这个过程里完成人生的第一次旅行和聚散。再以后的每一年，将一次次地聚散聚散。

来时飞机，因为归心似箭。走时，选择火车，为了多相聚一点时间，为了麦兜麦唛可以体验火车。还为了什么呢？当火车渐渐开出车站，渐行渐远，麦兜麦唛说道："妈妈，看不见姥姥了。"然后转头看窗内的射手。

麦兜麦唛惊讶地看到射手眼中含泪，紧张地过来用小手帮射手擦眼泪："妈妈，不哭，麦唛爱妈妈。"麦兜："妈妈，你怎么了？你想姥姥了是吗？"

射手："妈妈爱姥姥。妈妈小时候，姥姥就像妈妈现在和你们在一起一样，辛苦地照顾着妈妈。"

麦兜麦唛："我们再回延安。我们也爱姥姥。我们喜欢延安。"

射手："姥姥会想念我们。我们有时间就回来看姥姥，因为姥姥会希望看到我们。"

延安回北京，中途会经过西安，西安是大站，停留的时间足够射手的白羊妈

拎着煮好的热粥和小碗小勺上车来送给宝贝，还有给宝贝做的衣服、缝的小被褥……

射手看着白羊妈红肿的眼睛："妈，不用赶，身体重要，她们什么都有。"

麦兜麦唛，第一次旅行，途径西安，在火车上见到了外婆。这是归途选择火车的另一个原因。

每一个旅行行程的安排都是需要思考的课题。每一个旅行都有一个主题，显然，麦兜麦唛的这次旅行主题是：亲情。

这只是开始，很快我们又会回来。每年我们都会回来至少两次、三次。因为射手的外公外婆初见麦兜麦唛时 80 多岁，现在已经过了 90……老人的年龄在增长，我们回家的频率也会递增……

麦兜麦唛从此记住了延安。北京的小家中，从此麦兜麦唛不时会问：“妈妈，我们什么时候再回延安？我想姥姥了，还想老姨，想金金小姨、毛毛小姨……”

她们还记住了毛主席！外公在麦兜麦唛走进家门的第一时间指认墙上的挂画：“这是谁？这是毛主席！”

毛主席曾经在延安，人们应该认识到，延安曾经是新中国的拯救之地，现在依旧有着淳朴、厚道、坚韧的民族风骨！凝聚着中华民族传统文化精华的延安精神，不应该被年轻的父母淡漠、遗忘，延安精神就是养育一个好孩子的生活宝典！

并没有结尾

麦兜麦唛，她们还记住了什么呢？

有好一阵子，射手看到麦兜麦唛拿着纸片或者卡片，互相算账：“给，给你一毛钱……”麦兜麦唛风风火火气势汹汹地在房间里走来走去，说：“我在找棍子，我要打丑丑……”

射手一头黑线——每天和外婆要钱的丑丑弟弟，每天都想教训丑丑的脾气火暴的小姨……有一天，小姨在外公家走来走去，翻东翻西，麦唛好奇地问：“老姨，你在干什么？”小姨说：“我在找棍子，我要打丑丑。”麦唛：“为什么要打丑丑？”小姨：“因为他不听话。”麦兜麦唛两个人兴冲冲地跟着小姨满屋子找："老姨，我帮你找。"……

射手跟小姨说起时，小姨当笑话大笑不止。

但这种影响，射手笑不出来啊。小小的麦兜麦唛惟妙惟肖的模仿力，生动地再现了她们看到的另一种教育方式。

我们在行走中，自己的教养方式会和别人的教养方式碰撞。这不会是第一次，到天蝎的故乡时，同样的事情也会上演……

回爸爸的故乡

因为天蝎频繁出差，出长差，所以，麦兜麦唛回天蝎故乡的事一次次搁浅。在麦兜麦唛两岁那年的夏天，射手给远在外地出差的天蝎说："我们不等你了，我自己带着麦兜麦唛回去看爷爷奶奶了。"

天蝎："能行吗？"

射手："问题是，老爸老妈在等。"

爷爷奶奶已经多次来北京看麦兜麦唛，但来北京和在家乡的土地上带着孙女走亲串友可完全不是一回事。

孩子小，不回去是客观原因，孩子渐渐大了，能回去了，不回去，是失礼。

射手买了动车票，带着麦兜麦唛回天蝎的故乡。麦兜麦唛太小，想到北京西客站永远攒动的拥挤人潮，射手心里有些隐忧。约了一个年轻女孩儿来送站，能干的女孩子一路护送射手到检票的队列里，射手可以安心了。

两个多小时的车程，射手提前清洗了一些可以保鲜的水果，比如麦兜麦唛喜欢的樱桃，还有充足的水和健康小食品，当然还有必带的干湿纸巾。为了避免旅途各种不方便和安全隐患，射手给麦兜麦唛带上了久违的纸尿裤。当麦兜麦唛需要撒尿时，给她们穿上纸尿裤，鼓励麦兜麦唛尿到纸尿裤里。

不是爸爸他是谁?

天蝎已经通知了家里，家人安排天蝎的弟弟来接站。天蝎和他弟弟长得非常像，连不熟悉的大人都会认错。小麦兜小麦唛好长时间没见到天蝎爸爸了，第一眼看到接站的三爸时，小人儿迷糊了："妈妈，他是谁？"是爸爸吗？好像不是。可是，为什么，麦兜麦唛研究地看着三爸，悄悄跟射手说："妈妈，他很像爸爸。"

射手："三爸是爸爸的弟弟，兄弟有时会长得很像。但是他比爸爸高，他戴

眼镜，对不对？”

麦兜边观察三爸，边悄悄说：“爸爸的弟弟，就像我和妹妹？”

麦唛：“爸爸是哥哥，三爸是弟弟。”

射手：“对。”

老三察觉了，从副驾驶座回头：“想爸爸了？”

麦兜麦唛虽然知道不是爸爸，可还是痴痴地看着老三。一个这么像爸爸的人突然出现，对于小朋友真是一个考验，触动了对爸爸的思念，这是射手始料未及的。

是什么把不同生活背景生活方式无血缘关系的本来陌生人相连？是爱情？是婚姻？还是孩子？孩子将原本陌生的血脉凝聚成家。

奶奶家和北京的家、延安的家、西安外婆的家不同。

奶奶家有和北京的家、延安的家不同的玩具，有一个大一岁的哥哥，一个小一岁的妹妹，4个小朋友每天一起骑车，一起拍球，一起看书，也一起看电视。在北京，射手家的电视几乎是不开的，在奶奶家，电视几乎总是开着的，而且吃饭的时候也开着，边吃饭边看电视是这个家庭的生活习惯。

同龄玩伴，和延安的小姨舅舅的呵护是不同的。射手说："你们是堂兄姊妹，要相亲相爱的。"他们相亲相爱的，没有吵架没有打架，一年一年长大，每次他们相聚，射手都会给他们拍张合影。

爷爷奶奶带着射手和麦兜麦唛走亲串友，这是北京的家延安的家几乎没有的生活方式，麦兜麦唛探险似的不断走进新的家门，认识新的主人。

"妈妈，没有菜菜，我们要喂小鸡。"麦兜麦唛刚提出要求，奶奶已经去抓了把米递过来，小鸡也喜欢吃米。生活教会孩子，小鸡除了吃虫，还吃菜和米。

麦唛说："哼，妈妈说了，大声叫的狗狗不咬人，你不要咬我妈妈和我的麦兜！"

麦唛这个馋猫……

每次回婆家，都会带我们回一次老家，一个工整清洁的村庄。老宅是空的，没人居住，但都打扫得干干净净，经常维护。麦兜麦唛第一次回来，老家更是必须要回的。射手喜欢老家的天空和宁静，麦兜麦唛喜欢玉米堆，大公鸡、老母鸡、小鸡和大狗聚会的乡村动物园。这些玉米垛前的照片都是老家拍摄的。射手每次都这样期待："如果有时间，我们可以回来在老家住一段时间就好了。"

射手告诉麦兜麦唛，爸爸的故乡就是你们的故乡。

麦兜麦唛："为什么爸爸的故乡就是我们的故乡？"

射手："这是一种记住家的方法。"

麦兜麦唛："我记得住我们家，在北京。"

射手："如果你长大，去很远很远的地方，你的孩子长大，又去另一个很远的地方，他不知道北京，怎么办？"

麦兜麦唛：“我会告诉我的孩子我们家在北京。”

射手：“你的家在北京，爸爸的家在这里。爸爸想让你认识他的家，因为你是他的孩子。”

生命流转中逐渐失散，家谱、籍贯、故乡，都是防止失散的方法，一棵大榕树下聚集了全世界的人。无论怎样辗转，中国人最终还是想找到自己的家，这个家和房子无关，和金钱无关，和血脉相关，故土为根，无根则飘零。

有故乡的人心是笃定的。

我是谁？从哪里来？走向何处？

射手想：将来，麦兜麦唛填写籍贯时，写下的不应该只是空洞的字符，应该是有型有味带着记忆的地方，这对天蝎很重要，对麦兜麦唛也很重要。生命生生不息，怎奈何总落得客从何处来……至少，射手要让麦兜麦唛和她们的故乡相认。

生长在北京的麦兜麦唛，未来需要突破北京的地域视野，让自己和整个国家相连。连接的起点就是尊重故乡，尊重自己的故乡，尊重他人的故乡。故乡，是中国传统文化里需要完成的第一课。

中国人只有了解根文化，才能真的懂中国。

未来，无论在世界的哪个国度生活，都知道自己的来处，都可以自信地面对各种质疑和好奇：我是中国人！我的故乡在……

麦兜的烦恼

临睡前，麦兜说：“妈妈，我想回家了。”

射手问：“这里不是家吗？”

麦兜：“我想回我们家，北京的家。”

射手：“为什么？这里不好吗？”

麦兜：“我不喜欢这里，我想回家。”

射手：“为什么不喜欢这里？”

麦兜：“她抓我耳朵，抓我这里，还咬我的脸，我不喜欢她，我不喜欢这里。”

射手：“她是谁啊？怎么抓你了？怎么咬你了？”

麦兜指着自己的耳朵和脸反复地说："抓这里了，咬我这里了。"

射手再问是谁？麦兜困惑地说："是谁？是谁呢？妈妈我想不清楚。"

射手开始有些担心，爬起来俯视着自己的孩子，担心地看着观察着，继续耐心询问，重复了几遍同样的问题后，麦兜说："是 ×× 的妈妈，她老咬我，咬我这边的脸，没咬这边。"

射手终于松了口气，重新躺下来："哦，她喜欢你，是亲你吧，不是咬吧。"

麦兜："就是咬我，老咬我，我不喜欢，我不喜欢这里。我要回家，妈妈。我想我们家了。"

射手："可是妹妹很喜欢这里啊，和小朋友玩得很开心啊，是不是？"

麦兜："妈妈，妹妹喜欢这里，我们把妹妹留在这里，我们回家吧，好不好？"

射手还没来得及说"那你不想妹妹吗？"麦兜已经说了："那我会想妹妹的怎么办？"

这时候，假装睡着的小孩儿麦唛转过身气呼呼地说："我不喜欢这里！我才不喜欢这里呢！哼！"

射手说："麦唛你白天不是和小朋友玩得很开心吗？午睡的时候妈妈听到你笑了好几次呢。你梦见什么了啊那么开心？"

麦唛说："我梦见美羊羊，我们一起玩得很开心。"

麦唛又说："我不喜欢 ××，老凶我。"

射手给婆家安排了一周的时间，来回两天在路上，踏实住的时间也就 5 天。麦兜认真的要求、麦唛无心的说话，让射手发现一个自己忽视的问题。射手回婆家遵循一不打扰二不干涉三完全配合的原则，除了公婆安排的"外事"活动，基本都是独自安静待在二楼住的房间；麦兜麦唛除了正常作息，其余都安心交给公婆，毕竟见一次不容易。

毕竟是在自己家里，都是家人，射手没有理由不安心放心。

射手忽视了的是，人们表达情感的方式是不同的，麦兜遭遇了让她害怕的方式，麦兜只会扭着身子逃离，用手使劲儿地擦掉脸上被"咬"式亲吻留下的口水。麦兜太小，还不会保护自己。

麦唛也不能接受别人凶："奶奶说，'不是凶，他就是那么说话，他是喜欢你'。"

麦兜麦唛都遭遇了她们之前没有经历过的互动方式：用轻咬表达喜爱，用大声喊叫表示关心。

射手安静地听着，理解麦兜麦唛的感受，可是射手作为妈妈该怎么做呢？

毕竟是已经发生过的事情，批评对方肯定是不妥的。毕竟这是婆家，不是娘家。

射手跟麦兜麦唛说："人们用自己的方式表达爱，可是他们不知道自己的方式对方并不喜欢，怎么办呢？"

……

射手说："你们要记得，北京也会有这样的人，所以，我们自己要学会坚定地说出'我不喜欢这样！很不喜欢！'妈妈很抱歉，没有照顾好女儿。"

……

射手对麦兜麦唛说："我们回北京，回我们家。因为麦兜麦唛想回家了。"

外婆在十三朝古都西安

古诗“空山新雨后”所指的终南山在哪里？

取经归来的唐玄奘在哪里的朱雀门被大唐迎接？

哪里的城隍庙牌匾上书4个大字“你来了么”，暗藏道教“阴司报应古往今来放过谁”的谶语？

在西安，是西安！

古都西安和首都北京一样，都是方方正正的城市，都有厚重的历史和文化……

提到西安，人们会想到什么？是大秦帝国一统天下，还是全唐盛世？辽阔中原大地，西北第一大城市，享誉盛名的黄土文化，文化积淀深厚的陕西省会城市。

唐玄奘就是从西安出发去西天取经，有舍利子的法门寺就在西安和宝鸡交界的地方。

感动近代中国人的著名长篇小说《平凡的世界》里描述的“大城市”就是西安，《平凡的世界》作者路遥就曾经生活在西安。

西安有令吃货向往不已的各种美食小吃，西安有真正的古城墙和文化古迹街，西安有声名在外的地方戏曲“秦腔”。

西安有曾震惊全世界的世界第八大奇迹——秦始皇兵马俑。秦始皇曾在这里一统天下，中国曾在这里聚合！欧洲至今小国林立，也许是因为没有八百里秦川孕育的秦始皇……

麦兜麦唛两岁半的小脚印在虎年的春节，初次踏上了古都西安的土地。因为，麦兜麦唛的妈妈的妈妈，麦兜麦唛的外婆在西安。这一次，麦兜麦唛要去看望外婆了。

麦兜麦唛也顺便体验了北方版春节风俗。大年夜点灯熬夜没人催小朋友到点儿睡觉，兴奋地蹦啊跳啊，看春节联欢晚会，直到自己困到上下眼皮儿连小柴火棍儿都撑不起来，扑倒在床上睡着了。

大年初一，换新衣，响鞭炮，磕头，收红包，吃饺子。

闻名天下的秦兵马俑、华清池年前已经去过，碑林、回民街、小吃街，古文化街以后会再来……

正月十五闹花灯，古城墙上的灯展，是不能错过的民俗文化。虽然麦兜麦唛还不曾意识到身处文化古都，站在历史更迭愈显厚重的古城墙上，麦兜麦唛脚下身侧是凝结了文化和科学的地气，已然无形中被熏陶着……

麦兜麦唛还不会解灯谜，但射手期待未来，长大的麦兜麦唛能懂得中国传统文化的玄机！

一路走过来遇到一群年轻的大学生，她们一路追着麦兜麦唛拍照，惊叹："双胞胎，好可爱的双胞胎！"一起走到转角下城墙的地方，年轻人们聚合起来沿着台阶列队摆pose，请射手帮他们拍合影，射手欣然答应。

青春，时光，多么好！因为正在向上生长，自由生长，无限憧憬的未来在前方。

低头看看麦兜麦唛，有一天，她们也会这样自由快乐地舒展，和她们的同龄人一起。

这一天，很快，就会到来。而射手妈妈，从现在就认真珍惜，珍惜每一分每一秒的陪伴。现在，麦兜麦唛还小，正全心地依赖着射手……

春节，中国最重要的节日，从某种意义上说，虎年春节过后，麦兜麦唛的足迹才算完整走过了亲情圈。亲情，是人生长发展必经之路，必修之课，我们都是从亲情出发，遇见友情、爱情……

麦兜麦唛的小脚丫已经走过了有最亲密血缘的城市和家，会渐渐发现，这个世界丰富而有层次，遇见不同的人，住不同的家，吃不同的饭菜，去不同的地方玩……正如每个人都是独一无二的，每个旅途也注定不同，麦兜麦唛会因此对这个世界更加充满了期待。

两岁多的麦兜麦唛已渐渐理解时空转换、距离往返的概念，也渐渐学会了告别和再见。

血缘间的亲密旅行已经完成，麦兜麦唛即将进入陌生的旅途，遇见真正的陌生人，去到陌生的地方……

二、世界那么大，我们去看看

黄河边上的碛口古镇和李家山村

每一次的自驾归乡，都会途径黄河。

每一年的黄河都不同，因为每一年麦兜麦唛都在长大。

当小狮子[1]开过山陕交界的黄河大桥，天蝎会停好车，一家四口在黄河边休息，这是一个习惯。

6岁时，麦兜麦唛热衷诗歌创作。6岁的春节，重新上车后，麦兜麦唛出口成章完成了她们关于黄河的第一首小诗《黄河母亲河》。

当我们凝神注视黄河，会感受生命孕育的博大，也会自问自身的渺小，会反思民族个性和地域的密切关系。这一切，在默然之间无声熏陶着小小的儿童。

想强调的是，民族的、代表的自然事物，有它天赋不可抗拒的力量，会用它自有的方式带给孩子无声的影响。所以，不妨列一个清单，中国的、民族的、标志的、承载着历史和文化的地域和自然事物在哪里、有哪些，带着孩子去吧，无声熏陶，来自天地之精华灵气的滋养，我们看不见，但存在。

[1]　小狮子：指作者家的标致牌私家车。

和外公外婆一起过完春节，我们现在返回北京的路上。

车开出延安的时候，天空开始飘雪，雪花很大，这一路过来，居然已经铺了厚厚的一层，真是少见的大雪啊。我们却在大雪中行驶在高速公路上，而且是一个长途。显然，这不是一个明智的举动。期间，外婆和小姨已经打了几个电话过来，说雪太大了，还是回来，先不要走了，危险，但是天蝎坚定地向前走，天蝎说："老人那么大年纪了，咱们走都走了，再回去，多折腾老人。"

一路驶来，雪越下越大，越下越猛。很快高速路上就积了厚厚的雪层，天蝎说至少有 5 厘米，而且还在继续下。沿路我们好像在看车祸展，行进的 100 多公里中看到很多车祸，天蝎说有二三十辆。射手座的我是个心很大的人，完全不懂得危险和恐惧。只是一路为其他的车祸各种默哀祈祷。突然，听到天蝎惊呼，声音不大，但充满惊惶："糟了糟了，完了这下完了！"看过去，天蝎努力地把握方向盘，小狮子失控侧滑。麦兜尖叫，麦唛高兴地拍手大笑："真好玩！"

射手迅速回头低低呵斥："闭嘴！坐好！"

麦兜麦唛乖乖坐好，而射手，也安静地坐在副驾驶上不再说话，只在心里虔诚祈祷："会安全的，我们会没事的。"

一切都交给天蝎，我们只要安静就好！

小狮子左滑右滑左滑右滑……在高速路上连续侧滑……

也许，天蝎被射手的镇定安抚下来，冷静下来……

车稳住了。

当车完全稳住后，射手看过去，天蝎脸是绿的！一语不发！默默地开着车。射手伸出手轻轻抚摸天蝎的脸，说："我家大人最棒！老天会眷顾我们的，不用担心！没事儿了。你已经让我们安全了！你真了不起！"

天蝎吐了口气，才轻轻地说："刚才实在是太危险了，你不知道！可能会出大事儿的！"射手："我当然知道，我更知道你会让我们安全的！我绝对相信你！"

天蝎渐渐缓过来："幸亏刚才没有别的车过来，如果有一辆车经过，就出大事儿了。刚才车已经完全控制不住了。"

射手："可是，你还是稳住了小狮子，你还是让我们很安全啊！你很了不起！

一切都过去了！”

射手转回头跟麦兜麦唛说：“以后，遇到任何事情，不要大呼小叫，如果你能够做一些努力，就做；如果不能，就保持安静，交给别人。刚才很危险，你们吵闹，会干扰爸爸。现在已经没事儿了，麦兜麦唛也很勇敢，支持了爸爸。我们也要感谢小狮子，小狮子辛苦了，保护了我们，没有让我们受伤害。”

射手相信万物皆有灵的朴素哲学，珍爱身边所有的人和物，家里的车，射手叫小狮子，每次上路或者下车都会轻抚着车窗说：“小狮子，辛苦了，谢谢你。”

射手会告诉麦兜麦唛：“小狮子给我们遮风挡雨，让我们安心地坐在它的肚子里，我们很舒适，它一路奔波。”

麦兜麦唛也常常会说：“谢谢小狮子。”“我们家的小狮子真好。”

孩子的感恩之心在日常点滴中建立。当家长咒骂自己孩子是白眼狼的时候，那不是孩子的错，是因为你不曾教会孩子感恩。这世界没有理所当然，日常中，射手会对麦兜麦唛说：“我们要感谢床，让我们舒服地睡觉，我们要感谢衣服，让我们温暖舒适。有一句西方谚语：‘这世界对你不好是应该的，对你好是你应该感激的。’”

到达陕晋界的时候，天已经全黑了，不过也才8点左右。让我们非常沮丧的是，高速封路了。这是必然的，可是却让我们非常困扰。如我们一样存着一丝期待的旅者等在路上，反复去问工作人员，结果总是失望。看着麦兜麦唛无忧无虑的样子，很羡慕小朋友随遇而安的喜乐，这真是一种境界，属于孩子的单纯淡定。成年人这时的烦恼，其实是不明智的，于事无补，不如学习孩子的简单愉快。

终于，彻底绝望了，如果再迟会儿，连晚上住的地儿也找不到了。半个小时的等待后，射手建议天蝎离开，就近找个住的地方等待明天高速路是否通行。

天蝎迟迟不离开，抱着希望等待的原因很简单，他很清楚附近只有一个小县城吴堡，住宿条件肯定简陋，他担心我们母女受苦。但总不能在这儿等一夜吧。于是天蝎最后去和工作人员沟通确认后，我们上车前往吴堡，小小的县城转了几圈，酒店宾馆全部爆棚。正常的，原本就没几家宾馆住宿的地方，高速路堵住了的可不止射手家一辆车，和我们一样找不到住地儿转圈儿的车也不止小狮子一辆。

天蝎决定上国道，前往另一个相对大一点儿的县城，可是，正如他担心的国道也封了。当然会封的，就算我们傻大胆，政府也不会任我们不顾安危的。

“怎么办？”天蝎问。

射手：“住的地儿肯定会有，县城没有，附近也有。你搜索一下附近哪里有值得去的地儿，就朝那个方向开，沿路看到可以住宿的地儿就停下来住。已然这样了，我们就当做一个意外的旅行吧。”

天蝎赞同，搜索之后，天蝎：“就走这儿了？”

射手：“行。”

我们一家坐在小狮子里，没有目标地顺其自然往前行。天蝎：“还有车跟着咱们呢，就刚才也找宾馆的。”

沿路开过去，经过县城拥挤狭窄的街道，反而开阔起来，也安静冷清起来，一直往前开，大约 30 分钟左右的时候，到达孟口镇，我们看到了左图这家酒店。简单判断就知道是私人酒店，当地居民因地制宜开的那种，我们原本也没有报多大的希望，只要有个安全落脚的地儿过夜就够了。这家看过去觉得顺眼，就定了。

询问、登记、入住。安稳下来时，我们由衷地说：“其实这里还不错。”

天蝎也放了心：“比想象的好多了。还有空调，你们就不用受冻了。”

也许是累了，沉沉的一觉，不觉间天已大亮。第二天一早醒来，看着窗外心情挺好的，这就是田园吧，从窗口看出去，还是很可以令人遐想的。天蝎没有射手这么悠哉，早已经在手机上搜索路况信息，但得到的都是失望的消息：高速国道还是全封。

见我们起来天蝎说：“早饭怎么吃？”

射手：“请店家给我们做点儿早餐吃呗。”

天蝎：“我刚问了，不提供早餐。”

射手没继续说什么，洗漱后自己下楼去，见到老板娘，给打招呼时，射手微笑询问：“可不可以做些简单的早餐给我们，什么都可以，小朋友也不挑食。”

店家想了想，说：“我过去看看。”

20 分钟后，老板娘叫我们下楼吃饭。很爽口暖胃的早餐，这里是陕西山西交界地，陕西山西都是革命根据地，而且大多地方都盛产小米。喷喷香的小米粥最养人养胃。还有煮鸡蛋，轻轻敲开壳，吃一口，香香的鸡蛋味儿，看着手中的鸡蛋咬出来的蛋黄，黄得让人心里欢喜。这不用超市种种的广告促销，也知道是真正的柴鸡蛋，绿色环保有营养。爽口的小咸菜，有淡淡的咸味儿的葱丝花卷儿，一顿爽口暖胃的早餐。

早餐后，载着店家的贴心叮咛和祝福，我们告别孟口镇，前往目标地——距离这里 20 多公里的碛口古镇，“思想家、旅行家、艺术家的摇篮”。我们不急着赶路，与其去那里焦躁不安地等待不晓得何时会开放的高速通道，不如惜缘一睹碛口的古镇风采，这黄河之滨偶遇的地质古镇。

一路畅通。寂静的公路上，似乎只有我们一家人。很快就到了。看到前方的大桥，射手就被吸引了，拍下了到碛口的第一张照片，当时并不知道过了桥就是碛口……

桥下奔腾的就是黄河母亲河。

初入碛口，是小狮子载我们沿着西市街，也是新商业街浏览了一遍，留下最初的印象。车开到镇口，留下车，开始了我们的徒步旅行。

沿西市街徒步返回，古老的民居所在东市街在来时身后。在西市街看到好像有着窗户一样的门，似乎半埋在地下的民居。

一夜飞雪，积雪堆积的地方麦兜踩进去，已经快淹没了中筒靴。

吃着几乎滴汁黏糊糊，但入口冰爽的糖葫芦，两元钱。

天蝎：“脏不脏？！”

射手："好吃不好吃？麦兜麦唛？"

麦兜麦唛："好吃。"

射手："冰天雪地里的糖葫芦才是真正好吃的冰糖葫芦。"

人，这个积累了文明的物种，细细追究起来，自己身体里携带着多少脏东西，比如寄生虫。是生物，必然会携带寄生虫，不被自身主观左右。人类文明其实教会我们的核心本质是如何规避风险，如何更健康有效地生存。但是偶尔的放松，不会有大碍。有时候，是需要孩子接触点儿"脏"，比如，玩泥巴，每个孩子的幼年都应该有体验泥土的经历，有利身心健康和发展。

有洁癖的射手，在陌生的北方小镇的街上，主动询问麦兜麦唛要不要吃糖葫芦；在天蝎责备麦兜时，会悄悄给麦兜眨眼睛，鼓励她继续在雪堆里玩……

我们沿街走过来，新年伊始，大雪后宁静的小镇，街面上几乎见不到什么人，但是街边的房舍里都有人们扎堆在打麻将、打牌、聊天。

看起来，好像这个早晨，小镇只闯入了我们这一家四口的外乡人。

天蝎已经渐渐习惯了射手的旅行方式，随性行走，并不规划，也无安排，就这么随缘自然。所以并不会再像以前那样不停追问："走哪儿？去哪儿？你得规划一下啊，你得有个安排有个目标啊……"天蝎也不再像过去那样不停看着地图行进，当然，碛口古镇就是天蝎之前搜索的选择。

北方古镇，古朴在于它保持下来的民居特点，而且紧挨着黄河。中华民族的母亲河在这个小镇门前流过，就好像任何一个村庄门前流过的一条河……

在西市街和东市街交界的地方，听到一个女子温柔殷勤的声音："要不要个小老虎？"她站在自家门口卖布偶，各种简单的造型。麦兜麦唛第一时间被吸引。

射手对女子笑着说："要一个导游，有吗？"

女子张罗着打电话找导游，带我们进屋取暖等待……

这家人，依靠布艺为生。我们进入她家时，男主人正坐在炕前。

北方农村传统大都是土炕，至今还有相当多人家沿用，冬暖夏凉。夏天土炕上铺一张简单的竹编席子，凉快清爽。像这样的冬天，外面冰天雪地，室内土炕却暖暖和和的，因为土炕下面连着灶台，冬天会给炕底烧上一把火，人坐在上面睡在上面暖和极了。

我们进去的时候，男主人正在剪纸样儿。他把剪好的纸样儿贴在布面上，粘贴修剪，再缝纫，塞填充物，一个个拙朴的布偶就是出自他的手。

这就是民间的手工艺人，来自他们传承的民俗，是属于中华民族的文化分支。劳动人民，自古以来通过生产和生活的实践，通过地域的优势和特点，不断摸索、发现并总结最合适的生存方式。劳动出真知，就是这个道理。

麦兜麦唛好奇地看着陌生叔叔的制作过程，渐渐明白喜欢的布偶是这样一步步做出来的。

北方人是非常热情质朴的，他们有着传统的民风，与人为善，待人诚实。女主人拿出北方特有的招待客人的小吃——自家炒的盐炒葵花籽和花生——给我们吃。麦兜麦唛认真地开始剥葵花籽，对于小孩子来说，嗑葵花籽还真不是容易的事情。宠爱女儿的天蝎心疼麦兜麦唛娇嫩的小手，就在一边帮麦兜麦唛剥皮，然后把瓜子仁喂给她们吃。

导游电话说不能来了，女子准备打电话再给我们重新找人，射手阻止：“你可以带我们转转吗，如果不耽误你的生意？”

女子说：“不耽误，没事儿。但是我不太会讲……”

射手：“没关系，走吧！谢谢啦。”

走的时候，射手让麦兜麦唛选购了布偶。女子带上了她 14 岁的女儿，还拿上了扫把。母女两人非常细心体贴，一路给我们在前面扫雪，照顾着麦兜麦唛。

街巷无语，静默矗立时光中，承载故事无数。

站在小镇的观景台上，四面环视，遥望陌生的层叠屋顶，看到黄河从远处流过来，又朝远处流走……大雪中的北方山村，会让人有一种莫名的惆怅。其实这样也可以过一生，按照自己的步调，无所谓落后偏远，没有比较，这里只是舒缓的属于自己的节奏。也不过是射手自己一厢情愿地这么想而已……

女人的女儿不过14岁，已经独自在远离这个小镇的县城上学，自己照顾自己。求学，对于更多的农村人来说，为的还是跳脱现在的生活环境，去大城市过像我们这样的生活，在他们的设想里的好生活。

麦兜麦唛非常珍爱她们选择的布偶，麦兜把她的小马放在观景台的防护台上，雪中的小马在高处凝视黄河。小朋友的无忧无虑，布偶的随缘自在，真是学习的榜样。

不想那么多，只快乐这一点点。我们现在这里，就在这里开开心心的。孩子，物件，都是至高的境界，与生俱来的淡定，不曾被世物侵扰。

观景台上俯瞰了小镇全貌，女人又带着我们穿街走巷深入小镇村落游走。这对母女带路，给我们最优规划。

射手作为一个纯正的北方人，观感倒也没有特别的地方，只是多少有些感慨。飞速发展的时代中，这里还能保持一份几乎原生态的淳朴，有遗世独立的不容易。

世间万物，沧海桑田，不变是相对的，变化是绝对的，能够一直保持或者坚持的，几无可能。迟早会更替出一个新的时空。但还是会希望，多保持一些原生态的、古朴的、民族的，时光会让一切都珍贵生动起来。

偶遇的缘分，瞬间的记录，生命的片段。

走出村落，我们沿着黄河岸边行走，黄河就在身侧流淌。这种感觉很奇妙。

看到岸边古老的用辘轳摇水吃的水井，虽然恐惧，但是好奇心更强大些。小心翼翼地接近，摇动古老的井辘轳。其实还是蛮惊险的，一个不小心，脚下一滑，不是右侧摔进黄河里，就是往前跌进深井里……

看到射手妈妈的行为，麦兜麦唛很好奇地也跟着过来，也要上来，也要摇摇井辘轳，也要看看……女人宠着她们，真的抱起她们满足她们，射手妈妈在麦兜麦唛被安全放下之前，腿都是软的，是软的……

村子很小，很快就游走完了。射手问女人："还有哪里可以去？有什么有趣的有意思的地方？或者说古老的地方？"

后来知道这里其实也会有游客来的，女人是有一定经验的。她给射手推荐说："有个李家山村，离这儿有点儿远，要过桥，在河对岸。"她担心我们走不了路，爬不动山，朴实的农妇会认为城里人都是娇气的吧。其实也是一种与人为善替人着想的淳朴心情。

射手说："没关系，走吧。我们可以走，我们也能爬山，我女儿小时候就爬过很高的山，这里也算是黄土高原，山应该不会太高。"

天蝎开车载着我们，5 分钟左右就到了李家山村山下。

雪越下越大，我们兴致盎然。细心的女人一路用扫把开路，陕西山西民风淳朴，人都很厚道。我们身处陕晋交界处，我和天蝎这对"秦晋之好"，安享乡亲们的亲爱。

经过这个院门时，射手会怀念已逝去的祖先，射手的祖先曾经就住在这样的院落里，然后也像这个院落一样一点点在时光里荒凉下去，老宅还在，人已不见……

老宅静默在时光里，祖先的目光不知道能不能看到远走的后人们的现在……曾经，祖先选择了我们称之为老家的地方，也是打拼了一方安居乐业的沃土，也曾经在属于他们的时空里喧闹、鲜活过。一代又一代人，经历不同的时代，然后走进这个时代的后人大多已经散落在各自的生活中，老家，那个成为根之血脉的地方已经不是归处，独自地荒凉下去……很多人，比如射手这样的后人，甚至都不认识回去的路……

走上一段陡峭狭窄山路之前，女人敲开临近一家人的院门，要了个扫把，换掉已经扫秃的自己带来的那把。村民们之间的质朴感，射手很欣赏，简单几句，扫把拿着就走了，其实他们彼此也不认识。这是属于他们的互助，属于他们的慷慨。

麦兜麦唛站在一边，好奇地看着，听着。回头对射手说：“妈妈，他们都不认识。借了扫把，不用还吗？”

不知不觉走了很多山路，已走到高处，回首来时女人用扫把边走边扫出的路……这一路还真不那么好走，即使有扫把扫过，在陡峭的地方协力行进也费劲儿……

最陡的地方，女人、她女儿还有天蝎，拉的扶的抱的合力把麦兜麦唛给弄上去……

麦兜：“妈妈，我们到李家山村了。”

射手：“我们到李家山村的村中心了。刚才一路走的都是李家山村。”

麦唛：“妈妈，因为这个村子建在山上，这个村里的人姓李，所以叫李家山村，对吗妈妈？”

天蝎：“聪明！你说得对！”

大雪覆盖下的北方明清黄土民居。依山而建，自有它的秩序，自有它的特点，源自北方劳动人民的智慧。

射手和麦兜麦唛站在崖畔凝视李家山村，雪中层叠的房屋，错落有致。

麦兜：“妈妈，这些人的房子是在山上盖的。”

射手：“对，很了不起。”

麦唛："妈妈，他们为什么要把房子盖在山上？"

射手："你们看到底下的黄河了吗？过去条件很不好，有各种自然灾害，黄河如果发大水就会淹上来。如果黄河边上的人们不把房子修得高一些，就会被洪水冲走。"

麦唛："妈妈，黄河现在还会发大水吗？还会淹这里吗？"

射手："一般不会了。你看，人们为了生存就会想出各种办法化解危险，让自己安全。这就是智慧，劳动人民在生活中积累的智慧。坐椅子的姥姥经常给妈妈说'劳动出真知'，就是这个意思。我们现在看到的这些盖在山上的房子，就是典型的北方民居，房子不用空调和暖气，利用自然结构，冬暖夏凉。"

下山时，雪更大了，用鹅毛大雪来形容毫不夸张，分分钟身上落雪一层。麦兜麦唛在雪地里撒欢，从没有雪的夏天就开始期待的雪，现在就置身其中，才不会觉得寒冷，才不会觉得危险，才不会担心！只有开心。

有些成年人说，喜欢雪是因为雪覆盖住所有肮脏，看到的都是纯洁，眼不见心不烦……

孩子喜欢雪是为什么？

天蝎说："为了玩！还能为什么？她们除了玩还知道什么。"

也许，天蝎说对了，麦兜麦唛此时此地最大的愿望是停下来："妈妈，我们堆个雪人儿吧！"

可惜，因为还有大雪，天黑得更早了，整个天色已经暗下来，我们必须尽快下山了。

山下，再见到小狮子，已经穿上了雪衣。厚厚的一层雪！

大雪！正是因为这大雪，我们才和碛口古镇、李家山村相遇。

北方民间有句谚语："人不留人，天留人。"天，留我们在这陕晋交界的古镇，这一场相遇，使我们记住了这个古朴山村。

射手抬头看看李家山村："李山飞雪夜，留宿异乡人。"

麦兜麦唛："妈妈，您说的是什么唐诗？"

射手笑："是妈妈自己改编的唐诗。原句太凄凉，'乱山残雪夜，孤独异乡人'。而且残雪是说雪已经消融了，现在正下大雪呢；我们一家人相亲相爱的，还有好阿姨好姐姐，不孤独。"

谢过母女俩，给了她们比她们期待的多些的向导费，是她们应得的。如果，看到这些文字的您，某天也到了碛口古镇，请记得，在这个女人的摊前停下来，买几个布偶……

晚上，我们住在碛口古镇的黄河宾馆，据说和相邻的碛口客栈是当地最好的。我们住的是最好的房间，因为窑洞里有卫生间。

它的位置就在黄河边上，院门正对着黄河，院门和黄河之间的路非常狭窄，仅容一辆车通过，一侧是店面人家，另一侧是掉进去永远洗不清的黄河，母亲河让射手腿软心颤……

当天蝎开车进院门时，射手看到的是直逼向黄河的一间院门，门前又是狭窄的不能迂回的通道，射手坐在副驾驶上，直感觉车会倒进黄河里去……

进了院子，迎面是一排窑洞。北方黄土高原典型民居，一层一层依山而建。是改良的窑洞，俗称玻壳（音同）。真正的窑洞是黄土里挖出来的，没有这样的砖瓦砌墙。我们选择了一个窑洞住下来。

推门进入，纸糊的窗户，这种窗户纸很有韧性，挡风遮雨，不会比玻璃防寒差，在年节的家庭，会给窗户纸贴上红色的窗花。一把剪刀，一张红纸，在女子手中几折几叠，随意几剪刀，再展开，就是各种各样的美丽图形，喜庆、生动。剪纸，是北方民间珍贵的民俗文化。

窗户下面紧挨着的就是大炕，是仿土炕，不是真正的土火炕，是床下有暖气和电热毯的木炕。炕只铺了一层薄薄的褥子，坐上去，很硬，很凉。房间里很冷。这不是真正的北方窑洞，那种冬暖夏凉的居家的窑洞，而是经过改良的名曰窑洞的宾馆，很冷。但是，天蝎说："在这儿，一个镇上，有这条件，已经很不错了，居然还有电视。"

对，还有电暖气。

射手抬头看着裸露明线走得乱七八糟的电线，被电线连接的一根电灯泡被我们惊扰了似的，晃啊晃，晃啊晃……

微弱的灯光，射手想起小时候老人们说的话："灯高自明。"可是，这个灯泡悬挂在房间的高处，屋内仍旧昏暗，越感寒冷！过年时患重感冒，高烧刚退尚

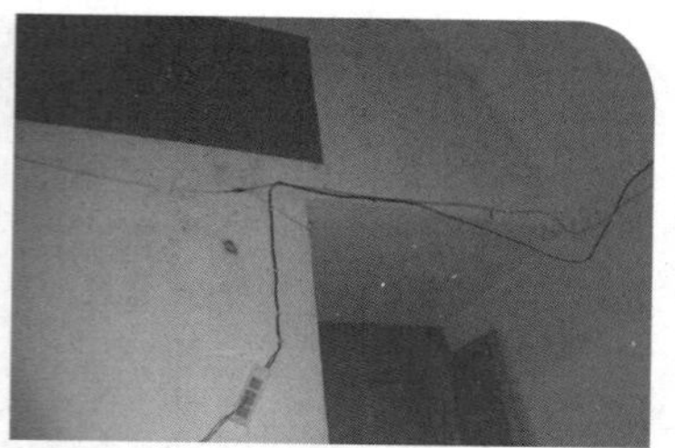

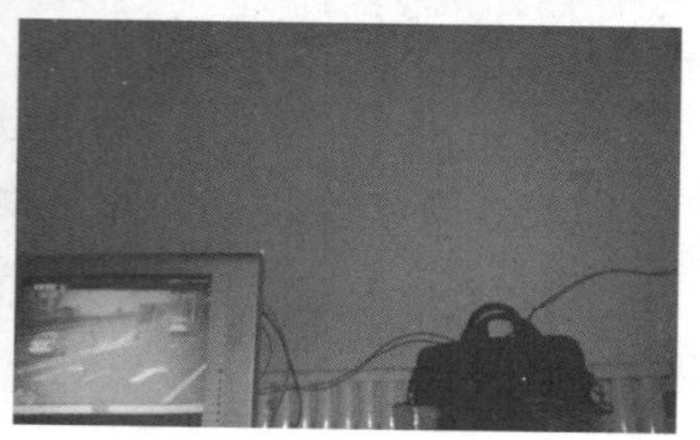

未痊愈的射手，坐在这个冰冷的宾馆房间里，突觉凄凉……

麦兜麦唛开开心心地炕上炕下地蹦，完全没有任何的不适应。

安顿好了行李箱，我们去宾馆灶上吃饭。就是院内角落里一个房间，里面摆放着几张大圆桌，所有的客人都会在这里点餐，用餐。进来的时候，只有我们一家。

点好菜，射手坐在炉火边等待，随手翻阅手边的读物。和疲倦、憔悴的射手不同的是，麦兜麦唛依旧活力四射，好奇地四处查看，兴致勃勃，这让射手很欣慰。麦兜麦唛知道射手感冒还没有好，不时过来问一声：“妈妈，还冷吗？”“妈妈，您好点儿没？”

射手有气无力地笑笑说：“没事儿，你们自己玩吧。”

“让麦兜麦唛体验一下这种艰苦的生活条件，也挺好。”射手想，可是麦兜麦唛似乎完全不以为意。

具体点了什么饭菜，射手已经不记得了，但是我们点的肯定不少，北方人的豪爽朴实特点决定了他们端上桌的饭菜量都不会小，看看大盘小盆就晓得了。但是，我们几乎是风卷残云地吃了个碗盘干净……

麦兜麦唛边吃边夸赞："好吃！妈妈，这个饭真好吃！"……

真的好吃吗？累了，饿了，冷了，会夸张了味觉是肯定的。射手真的是又累又冷又饿，还生着病……还好，饭很好吃，外婆说了："饿饭是好饭。"

店家人很好，喜欢麦兜麦唛，站在餐桌前，一直看着麦兜麦唛笑，不时给麦兜麦唛添粥夹菜，不停问："还要吃什么？再吃点儿？冷，吃饱了就暖了。"还不许别的客人到我们这桌来用餐，把所有客人都赶到另一桌。我们一家四口独享一张宽松的大餐桌，因为店家说："有孩子。"山西人爱孩子名不虚传。

晚上，拉出柜子里的被子铺成临时褥子……冷……电暖气开了一整夜……射手一个人盖着两床被子，沉重僵硬的被子，没感到暖和，压得射手一觉起来浑身酸痛，不盖两床被子，射手会觉得更冷。物质多不相同，都是被子，但有的柔软轻盈保暖，有的僵硬沉重冰冷……

看着麦兜麦唛，射手很欣慰。孩子的个性太重要，麦兜麦唛已经渐渐显现她们乐观随和的个性特质，在射手每一个清晨拉开窗帘时夸张地说"阳光灿烂，心花怒放"时，在射手抱起哭泣的她们说"嘴角上翘，是个温暖的金元宝，让我们欢笑，快乐的小孩儿多可爱！"时，在射手带着她们这旦走那里去遇到危险困难都淡定面对时，麦兜麦唛阳光随和的个性，强大的适应能力，面对环境平和的态度，就在建立中。

麦兜麦唛浑然不觉环境的简陋，她们随时随地都快乐！都能找到开心的游戏！这真是太好了！

"若要小儿安，必得三分饥和寒"的古训在中国老人那里很难被理解，但射手给麦兜麦唛的耐寒训练现在已经渐渐显示成效，麦兜麦唛在这个北方村庄冬天的大雪中活泼泼地奔跑欢笑……

麦兜麦唛在院子里玩耍，寻找发现所有她们好奇的东西，站在被雪覆盖的磨盘上，在院子里摸到冰溜子……

终于她们的愿望开始被满足，天蝎找来铁锹，和麦兜麦唛一起堆雪人。

旅人们在这个院子里相逢，他们停下来给麦兜麦唛拍照，他们渐渐地加入了堆雪人的行列，最后大家齐心协力完成了一个雪人。

每个人都在雪人前拍照留念。

我们给雪人起名叫“告别的雪人”。

和告别的雪人再见，我们都踏上了归途。天蝎时时都在关注查询，还完全没有高速路解封的消息。但是我们该走了。

射手的鞋子已经湿透，赤脚在有暖气的车里，继续上路。

麦兜麦唛的皮靴也已经湿透，庆幸的是，给麦兜麦唛带有另一双雪地靴，她们可以继续暖暖地在雪地里行走。

天依旧阴沉得好似要掉下来，天蝎说：“还有大雪。”

小姨在电话里笑起来：“你外婆知道了，知道你们是安全的，说‘你孙子，我担心得要命，你们倒在那儿游山玩水了’。哈哈哈……”

外公外婆不用担心，我们在风雪里游山玩水去了……

旅人，要记得旅途平安，不要辜负那些牵挂安危的心……

爸爸妈妈们，要记得冷静淡定，无论你身处多糟的环境，自己多么烦恼、恐惧，在孩子面前也要淡定……因为你在的地方，就是孩子温暖的家。你恐惧，孩子就会不安。当然，这种时候希望不会太多。

北戴河的水母

射手总也忘不掉，抱着哇哇大哭的麦唛从海里走上岸，蹲下身，用沙子轻轻给麦唛擦拭伤口时，一个声音传来："是被海蜇蜇了吗？"

射手抬头 ，不远处，一张晒得黝黑的面孔，一个农夫般的年轻男孩儿，脸色凝重，眼神关切，是那种陌生人少有的关切，好似专为麦唛而来，让射手心中一动。

射手说："是。"

男孩儿用手指一个方向给射手："那边，那个大篷有白矾水，去冲一下，有人在。"

于是射手抱着号啕不止的麦唛走向少年手指的位置……

美丽的单细胞动物会杀人

是的，连秦皇岛市政府、旅游局都没有料到，2013 年 8 月的北戴河会遭遇一批不速之客的突然袭击。当秦皇岛市各医院急诊部不断涌来被水母蜇伤的患者，越来越多，甚至有人死亡……这时，在秦皇岛海域的沙滩上悠闲度假的人们，大多还都和射手一样并不清楚水母的杀伤力，还会不远不近地欣赏着美丽的水母。

这单细胞的古老水族物种，看起来是多美，多柔弱，多无辜，但是，它却会伤人，会杀人……

彼时天蝎正在乌干达出差，女友一家邀约射手去北戴河度假。麦兜麦唛想玩沙子想玩水，北戴河当然是个比较近、不耽误事儿的好选择，于是欣然一同前往。有小狮子，有朋友，有朋友开着小狮子当司机，真好！哈，就这样快乐地出发了。

北戴河距离北京大约 3 小时车程，是距离北京比较近的外部疗养区域，四季气候宜人，基本没有酷暑和严寒，海水洁净，沙子匀细，坡度也比较平缓，是一个很不错的天然海水浴场。

麦兜麦唛还是第一次到北戴河，带着各种问号一路渴望。

射手："北戴河曾经是一个小小的渔村，这个小渔村在美丽的戴河北边，所以人们就叫它北戴河。后来有一条铁路，叫唐胥铁路，是中国最早的铁路，修到了北戴河村子的南边，叫北戴河火车站。人们为了方便，就把北戴河火车站南边一直到海边的地方都叫北戴河了，也叫北戴河海滨。"

麦兜麦唛："北戴河是一条一直流到海边的大河，是吗妈妈？"

射手："嗯，也可以这么说。北戴河是渤海的孩子，它在渤海妈妈北边靠中间的位置。麦兜麦唛的左边右边前边后边哪里是北啊？哈，找不着北的小孩儿哈。"

射手常常这样玩笑间激励麦兜麦唛对知识的渴望，对学习的尊重。渐渐练就了勤学好问的好小孩儿。

"故事不仅仅在书里，在电影里，故事最早都在我们经过的地方。睁大眼睛，张大耳朵，只有好奇用心的宝宝才能看见听见，聪明的心能找到故事。"射手说。

一路基本畅通，很快，麦兜麦唛就可以趴在车窗上满足好奇心了："妈妈，到北戴河了吗？"

"妈妈，这就是北戴河了吗？"

射手："嗯，我们已经到北戴河了。"

麦兜麦唛："可是，我们没有看到大海。大海在哪里呢，妈妈？"

射手："再等会儿，很快就可以看到了，也许转过前面那个路口，就有惊喜哦。不过，妈妈建议你们仔细地看看窗外的风景和建筑，大海总会到的，可是你经过的这些地方，都是北戴河的模样哦。"

已经拐上海滨路了，虽然距离海滨还有一段距离，海的气息已扑面而来，微凉，湿润，腥咸，路越来越窄，树越来越绿，树荫也越来越浓郁。射手心情随着空气湿度和新鲜度的升值，越来越好。麦兜麦唛："妈妈，我好像听见海鸥叫了。""妈妈，我好像看见大海了。妈妈，我们是不是快到了？"

射手："你们猜呢？"

麦兜麦唛齐声大喊："快到了！一定快到了！马上就到了，对吗？"

期待时深感太慢，不觉间却已近前。

麦兜麦唛："妈妈，我们什么时候能到海边玩呢？"

"妈妈，我们放下行李就可以去海边了是吗？"

射手："对，我们动作越快，就可以越早去海边。"

全国人大北戴河基地。我们住在这里，朋友已经订好了房间。北戴河各种基地扎堆儿，据说，人大的饭最好吃。是不是最好吃不确定，但是住在这里，吃环保不宰人的饭应该是可以保证的。

8 月正是北戴河的旺季，宾馆人满为患，价格狂飙，我们能够有地儿住，而且条件不错，环境安全，价格也还能接受，很感恩。

入住。

旅行，先占窝儿，窝儿安顿好了，心就定了。

20 分钟后，我们已经在去往海边的路上。小朋友迫切想到海边玩耍，好吧，我们这就去！把宠爱放在适当的时机，对孩子对父母都是有益的。孩子的养育是弹性的，该严格时必须收紧，该宠爱时就释放宠爱。

看着麦兜麦唛的背影，射手很欣慰，这两个小人儿，她们快乐、积极，凡事都有浓厚的兴趣，和很强的适应能力，总是乐呵呵。她们是射手的女儿，更是她们自己。射手在她们身上看到自己，也看到她们独有的闪光点，射手所不具备的闪光点。

射手时常对麦兜麦唛说："如果妈妈错了，你们告诉我，我会道歉，也会修正。"

麦兜麦唛总是开开心心地亲亲射手，说："没关系，妈妈，我都原谅你！"

我们是亲密无间的好母女。

朋友都感慨麦兜麦唛乖巧懂事，羡慕射手有两个好孩子。天性好，也有沟通的技巧。射手在每次出发前，每个活动开始前，都提前和麦兜麦唛说清楚可能去哪里，询问她们想做什么，解释她们可以做什么、为什么，我们能够争取到的是什么，时间安排是怎么样的，她们需要注意的安全事项是什么……简而言之，射手都会和麦兜麦唛提前全方位沟通，小孩子也有知情权，在完全清楚事情，并且也懂得射手会理解、会尽可能满足她们所有要求的基础上，人们看到的肯定是乖巧懂事的好孩子，因为麦兜麦唛心里有数。别说小孩子不懂事，射手从不把麦兜麦唛当小孩儿。射手会根据麦兜麦唛的年龄段使用她们能听懂的语言。

北戴河的海滩基本还好，根据疗养院、宾馆所属地权划分海域，有清洁和安全防范各种措施。所以，在人大基地所属海域下海时，一切安然，是麦兜麦唛愉快的体验。不喜欢下海的射手，早早和朋友分工，他们负责照顾孩子们的安全戏水，射手负责拍照、摄影、看护物品。

“明天带你们去大沙漠，海边的沙子山，可以尽情地玩沙子……”朋友话还没说完，孩子们已经欢呼雀跃，充满期待。

位于秦皇岛昌黎县的翡翠岛是国家海洋类自然保护区，三面被渤海环绕，一面环着泻湖（七里海），是由金黄色的细沙构成的半岛，岛上沙山连绵起伏，被称为京东大沙漠。因为生态保护很好，据说几乎全国1/3的鸟类翡翠岛都有，世界珍禽黑嘴鸥也选择翡翠岛作为主要栖息繁殖地之一，翡翠岛也是中国文昌鱼分布密度最高的海域之一。

翡翠岛，很多的之一，但对于射手来说“没有之一”，因为麦唛在这里成为了被伤者之一……

对于小朋友来说，终于等到了昨天的明天的今天，射手清晰地记得，那天一路堵车，中午才抵达翡翠岛，暴晒。但是小朋友的兴致分毫不减，堵车时小朋友们在睡觉。不错，就是要这样合理利用时间，保持体力。嘿嘿，虽然小朋友们只会想睡就睡，但射手却会有意识地提示。

翡翠岛海边沙滩很适合搭帐篷，暴晒天气，搭帐篷更必要。对于小朋友们来说，帐篷和天气无关，和小朋友们的童趣有关。刚搭好一个，麦兜麦唛和好友的女儿小雪儿，3个小朋友就开心地挤进去了。

风太大，帐篷太轻……麦兜麦唛在给帐篷加固。

射手当时并未在意，没有特意清晰摄入水母，所以现在图片中水母看起来就很难辨识。

很多人不知道水母有毒，也有很多

小雪儿左前方红色物体就是一只大水母。

麦兜麦唛身后，小伞一样发着塑料光泽的就是漂上岸的水母。

人没有意识到水母毒性的威力。只有少数人小心避开水母，甚至不再下海。

小朋友们惊喜地围着水母看。女友走过来提示射手：“水母有毒，你让麦唛麦兜离远点儿。”

射手对麦兜麦唛说：“听到了？水母有毒，小心。”

女友：“水母边儿上那个刺儿有毒，千万别碰。”

小朋友夸张地跳开了：“啊！有毒！有毒！”“有毒！”“好可怕。”很快又聚拢过来。麦唛找了根小棍儿，好奇地拨弄着：“妈妈，它的嘴巴在哪里？它会毒死海里的小鱼吗？”

射手：“你觉得它的嘴巴会在哪里？妈妈也不知道啊，我们可以查查资料。”

麦兜：“妈妈，水母哪儿有毒啊？它为什么会有毒啊？”

射手：“水母也叫海蜇，它很美是不是？看起来也很柔弱是不是？每个生命，再弱小也需要有保护自己的能力，它的毒就是自我保护的武器。”

麦兜：“那别人没有伤害它，它也乱毒别人吗？真不讲理。”

射手：“你看，它身体周边是不是围绕了一圈儿像胡须一样的刺儿，每一根上面都带着毒素。它太柔弱了，个头很大的水母和个头很小的水母，都只有一个细胞，就是你看的样子，它就只好在身体周围建立保护墙，保护自己。所以，我们自己注意点儿，不要碰它。碰到，它就会蜇，很疼的。”

“看，又漂上来一个大的。”

“妈妈，水里也有！”

……

孩子们的好奇心渐渐地满足了，玩沙玩水，懂得避开水母。女友带着孩子们在海水里泡，小心地躲避水母，最后放弃，上岸说：“水母太多了，上面漂的操点儿心还能看见，水里的根本就看不见。我被蜇了，疼着呢。麦兜麦唛你可盯紧了，千万别给蜇着了。小孩儿肉嫩。”

射手完全没有意识到被水母蜇的严重后果……

射手牵着麦唛的小手儿在水里走，麦唛突然大叫起来：“啊，妈妈，好疼！”麦唛哇哇大哭起来！“好疼啊！好疼啊！……”射手抱起麦唛：“麦唛，蜇哪儿了？给妈妈指指？”麦唛手指的地方什么也看不到，射手边用海水冲刷，边和麦唛确认被蜇的位置。快速冲了几遍后，把麦唛抱上岸，蹲下身，再仔细查看麦唛指认位置，原来是脚踝上方。前后不过几分钟时间，已经开始出现一道儿浅浅的红印，射手一把一把抓起沙子一次一次轻轻搓下去，麦唛哇哇大哭着。

这时，射手听到一个声音：“是被水母蜇了吗？”射手抬头，不远处一个皮肤黝黑的少年正关切地望向这里。射手点头说：“是。”少年手指向不远处：“那边，那个木篷有白矾水，去冲一下，有人在。”

于是射手抱着继续号啕不止的麦唛走向少年手指的位置……

木篷里坐着一个女人，看见射手抱着麦唛过来，拿起一瓶装在矿泉水瓶里事先调配好的白矾水：“孩子被蜇了？哪儿？”女人熟练地用白矾水冲刷麦唛的伤口，然后说：“没事儿了。”

还能有什么事儿呢？

射手问麦唛：“还疼吗？”

麦唛眼泪汪汪地说：“现在不疼了妈妈，刚才非常疼。”

射手：“小麦唛受苦了，水母不认识麦唛，它太笨了，居然连好孩子也蜇。”

在麦唛被蜇伤前，麦兜也从海水里走上岸，蹲下摸自己的脚踝：“水母好像蜇我了，妈妈。我不下去了，海里水母太多了。”射手并没有看到什么，用海水冲洗了一下麦兜手指的地方，又用沙子轻搓了几下。麦兜就没事儿了。

在麦唛被蜇伤前，女友也被水母蜇了，也没事儿。

水母毒性强弱是一方面，我们每个人的体质特征也是一个原因。

回到北京，射手每天都会仔细观察一下麦唛脚踝上的伤口，环绕着麦唛脚脖子有半圈儿红条印记，渐渐变成黑色，大约一个月过后才渐渐浅了，没了。

射手查阅了大量关于水母的资料，牵出来一些新闻。让射手心有余悸的是，和麦唛被蜇时间非常相近，也是8月初，北京远郊区一个小男孩儿在北戴河因被水母蜇伤致死，和麦兜麦唛同岁！

旅行中，我们常常因无知而危机四伏，需要特别注意安全问题，也需要了解自己的身体特质。去海边，射手应该首先查阅相关地域动植物情况，潜在危险系数，和安全防范注意事项，这些多少是有帮助的。

不论东西，都是人类的小孩子

北戴河的旅行，和射手一贯独行侠风格不同，有朋友有伙伴相约同行。射手妈妈和朋友在一起，麦兜麦唛自然和妈妈朋友的孩子在一起。

小雪儿，比麦兜麦唛小两岁，会好好相处吗？当然。

两个妈妈三个娃娃到达第一天，一起拍张合影 happy 纪念。

小雪儿："不拍不拍，我就不拍。"跑了，得意地对射手笑。哦……好嘛，等下你这小人儿就该哭了嘿嘿……

吧唧，标准狗啃泥，射手视线一直跟着雪儿呢，想笑，真想笑，叫女友："快看你姑娘！"

雪儿第一时间神速爬起。不错，知道自己爬起来，还没哭。摔倒爬起，小朋友敏捷到不像爬起，倒更像弹起，女友只来得及看到女儿满脸沙子的"惨状"……

女友匆忙赶到女儿身边："怎么了？摔了呀？这么不小心啊。"听到妈妈柔情似水的关心，小雪儿开始哭了，何止哭啊，扭着身子发脾气。舅舅在旁边又爱又恨地说："都没法儿说，简直就是个小魔鬼。"

这个被女友溺爱、放养的"小魔鬼"，射手看到总是觉得好开心。说话嘎嘣脆，简洁明了，直接，自信有主见，气质摩登，戴上墨镜的时候完全是个小摩登女郎。女友崇尚国际化教育，雪儿被拟定一条国际化教育路线，一路向西。小雪儿就读国际幼儿园，启蒙之路初始，已然西式风格，个性放松，叫人直呼其名。

射手看不到自己和女儿在一起的模样和状态，但每每看到女友牵着雪儿的小手抱着雪儿……都会有些感动，也会想起那句老话儿："有其母必有其女！"一样地穿着比基尼，一样胖胖的，一样自信，一样有主见……

射手惊讶地发现女友似乎有些焦虑，说："幸亏你在工作，不然会更焦虑。"

女友说："所以，我在工作。"

射手能理解这种焦虑，我们都是第一次做妈妈，都想做个好妈妈，都非常地爱孩子，但是孩子似乎并不会如己所愿地生长，他们会有各种自己的小性格大脾气，女友："我非常焦虑，不是一点儿。"

奶奶、爱人、弟弟都质疑女友对雪儿的溺爱。女友和射手中和一下就好了，射手对孩子过于严格理性，女友对雪儿有时的确纵容溺爱，有时又会如女友爱人所说"情绪化，对着雪儿吼叫"。

雪儿想吃雪糕，当时天晚了，小朋友肠胃弱，担心雪儿吃坏肚子，奶奶和爸爸都反对，雪儿张嘴就大哭起来。射手惊讶地看到，当雪儿哭出第一声，女友条件反射地像个炮弹一样瞬间弹出，直奔雪儿，一把把雪儿抱入怀中，射手从未见女友这样紧张过。雪儿各种哭闹，执着地要吃雪糕，女友各种哄……

射手在旁安静观察，并不说话，即便是好友，人家管理孩子时也不要干预，当着孩子面更不妥。对方夫妻家人之间教育意见不统一时，最好保持沉默。有忠告，在私下单独沟通。无论什么时候，对于朋友、他人，我们只应该在合适的时机、合适的地点，用合适的方式说出真诚和客观的建议。

奶奶和爸爸都在批评雪儿：“你看看麦兜麦唛，哭了闹了吗？哭闹有用吗？越哭越不可能给你吃！”……

射手带着麦兜麦唛，先慢慢往前走了。

麦兜麦唛也想吃雪糕，有几个小朋友不喜欢吃冰棍雪糕冰激凌糖果的呢？麦兜麦唛是大多数喜欢冰棍雪糕冰激凌和糖果的小孩儿中的小孩儿。

射手问：“你们也想吃是吗？”麦兜麦唛点点头，看着射手。

射手：“可是天黑了，现在不是一个吃冰棍的合适时间，有可能肚子会疼。如果肚子疼，明天后天可能就不能吃好吃的食物，不能到海边玩了，是不是？如果你们特别想吃，妈妈就买，因为也可能肚子不会疼，但在这个时候吃冰棍儿的确不是一个合适的时间。你们自己决定。”

麦兜麦唛想了想，摇摇头。又问：“妈妈，那我们明天可以吃吗？”

射手：“你们觉得明天什么时候吃好呢？”

麦兜麦唛想了想：“中午吃完饭可以吗？”

射手说：“可以，妈妈记住了。但这次我们是和雪儿一起来的，所以不能太想着自己，明白吗？”大家集体行动，第二天中午不一定有时间给孩子买冰棍；如果雪儿不能吃，就必须是我们单独行动的时候才能买。不确定能够做到的，射手就会明白地告诉孩子，也会明确尽力满足的态度。

麦兜麦唛 1 岁多就会说 “言而有信”，因为射手言出必行。失信于孩子，是亲子威信的自我塌方。

雪儿最终吃到了雪糕，哭闹结束。

渐渐跟上来的女友，很无奈：“我就听不得雪儿哭，她一哭我就百爪挠心受不了，我就乱了。”

射手：“可是，一个孩子必须学会克制欲望，合理提出要求。雪儿以后还会用这种方式一再要胁你达到目的，我觉得这样不好。也就是说，你被孩子控制。可是，照顾引导女儿是我们做妈妈的本分。”

女友：“我总觉得她还小，不懂事儿，以后慢慢就好了。”

射手：“雪儿已经过了3岁了吧？你现在修复她已经形成的个性缺点都相对困难了，不要觉得她小，每个年龄段都有必须面对、解决的问题，错过了，就难了。”

女友：“咋整呢！愁死人！”

和孩子相处的方式，这个松紧尺寸的掌握的确不容易，但是该硬心肠的时候必须硬起来。可是，像射手这样过于理性的妈妈在麦兜麦唛渐渐长大后再回顾个中情节，又会心疼：“麦兜麦唛原来那么小啊，我怎么忍心呢？”

这个世界就是这样，和孩子的相处也没有两全，严格和溺爱各有自己的利弊。把握住原则，孩子大方向不走偏，就只剩下小问题了。个性上的小问题，随着年龄增长也许会被磨平，也许自行消解，也许就会成为绊脚石。

也许重点在于孩子提出要求的方式和态度，我们面对孩子、处理孩子提出要求的反应——为什么我们一定要坚持和孩子对抗呢？

女友背着雪儿走了，射手慢慢地走在后面，看着3个孩子和一个妈妈的背影。

虽然雪儿是标准的小孩子情绪，一会儿欢天喜地，转瞬哭闹、生气，让女友很挠头，但和麦兜麦唛相处始终友好欢乐。发现麦兜麦唛喜欢看书，雪儿很愿意拿出自己的图书分享给她的朋友，去就餐的路上，麦兜麦唛一路书不释手。射手并不劝诫“走路不可以看书，看坏眼睛”，也不催促。偶尔路上的阅读并不会伤到孩子，但成年人的干扰却会打扰小孩子对书的专注兴趣。小朋友正在建立的阅读兴趣，在未来，会成为阅读习惯，爱阅读的人不会寂寞，更不会堕落。

小麦唛一直很有体贴小弟弟妹妹的心意，是个很不错的小姐姐，正在用手给雪儿遮挡太阳。麦唛，你自己呢？你是金刚钻儿不怕晒的对吗？哈哈。

射手觉得麦兜这个姿势很 man，麦兜看到这张照片开心地说："我把雪儿关闭了。"

比基尼小雪儿

小麦唛

小麦兜

雪儿这身打扮很安全很自由很适合小宝宝下海，学习了。两个妈妈风格不同，所以孩子风格也不同。射手给麦兜麦唛泳衣都买得很“公主”，女友说：“你这哪儿是泳衣啊，这根本就是芭蕾舞裙嘛。”射手也给雪儿买了一套芭蕾舞裙，谢谢雪儿很喜欢地穿了。

这里是海滩，这里是属于比基尼的地方，所有穿着比基尼的身体都值得尊重。

无论接受中式教育，还是西式教育，在射手这里，通通都是人类的小孩子。雪儿刚见面时，不肯让射手牵她的小手儿，可是转脸，又给射手捧起拖地的裙摆跟着射手走：“景蕾，你的裙子拖地了。”

射手最“得意”的是，度假结束，告别时，小雪儿不再脆生生地直呼“景蕾”，而是说：“公主，我会想你的。”

就是在这条木板小径上，射手和小雪儿成了好朋友。小雪儿一直落在后面，射手就慢慢跟在雪儿身后。女友看射手在，就带着麦兜麦唛跟着大队人马先走了。

射手走到雪儿身边：“我们牵着

手好吗？”

雪儿伸出手，又迅速缩回去：“不好。”

射手和雪儿聊天：“我们可以做好朋友吗？……”

5 分钟后，雪儿主动伸出小手：“好吧，我们牵着手吧。”

继续聊……

对付一个张嘴就“不”的逆反期个性小娃，要以尊重、平等的视角，不被对方左右，在不被察觉中引导。当她发现射手其实可以理解她，和她建立平等沟通，而不是尝试压制或者管理她时，她就会放下戒备心，显露小孩子的纯真。

在这条小径上，射手和小雪儿达成了一个共识：“朋友之间尽可能不说‘不’，除了必要必须；一个受欢迎的人，是让别人快乐的人，当然自己也快乐，不经常生气。”

雪儿和射手拉钩保证一百年不能变。谁说我们是只会哭闹的“小魔鬼”了？！

如果你再听到谁说：“人家的孩子……”那么，就关起耳朵好了，没有不好的孩子，只有不同环境教养形成的不同个性方式。雪儿和麦兜麦唛个性截然不同，但她们有着共同的兴趣点。在去往餐厅的小径上，有一个南瓜架，从第一天经过时，就深深地吸引了 3 个好朋友。

看到雪儿的神情了吗？是不是很感人？这是一个小孩子对于植物的全心的好奇，每个小孩子都有。如果我们成人能够发现并引导，孩子就会闪闪发光。

好的，我们停下来仔细看看，射手不催促。小朋友如果忽视身边的一切，射手才会烦恼呢。对身边的植物、动物，所有的人、事、物，自然地产生兴趣，自然地观察，就是对世界发现和探索的过程。摸摸南瓜，轻轻地、温柔地摸哦。

麦唛：“妈妈，我不使劲儿，不然，南瓜会疼的。”

麦兜：“使劲儿摸，南瓜会掉下来，嘭——砸碎了，就有人来罚我们家的钱了吧，妈妈？”

射手满头黑线——我的女儿，为什么你们没有雪儿脸上那般动人的专注神情？怎么这么理性？这难道不是辛德瑞拉的南瓜马车吗？

哦，好的，麦兜麦唛终于想起来了：“南瓜变马车！”

也许，因为你们一天天长大，对这个世界少了纯粹的好奇。小雪儿的纯粹，是打动射手的根本原因。有些东西，的确是不可逆转。人类的成长，在每一个年轮上都刻下了不可逆的痕迹。我们顺应自然，遵循儿童生理心理发展规律，不拔苗助长，不溺爱娇惯限制成长，顺其自然中用心关照，就是为人父母的职责所在。

在院子里散步。天性好静的射手最喜欢在清洁、绿化很好、有山有水有桥的环境里闲庭信步。射手拍来拍去，看到小麦唛等待的pose，射手哑然失笑：“太逗了，我的小麦唛，你真可爱！”这一夸不打紧。三个宝贝都开始争着摆pose，好，都来，一起摆！看谁最摩登！

因为雪儿的突然起舞，射手提议孩子们自己即兴来个文艺演出，自己主持自主演出。小朋友们即兴表演，很不错，我们这几个家长观众很赞。最逗的是小主持人麦唛在报幕后，大家都好奇地左看右看，不见任何一个孩子上场，茫然询问：“谁是 ×× 公主啊？”

小麦唛返身回到舞台中间：“我就是 ×× 公主，我给大家表演的节目是……”

大家笑翻哈哈哈哈。

射手又提议："现在我放音乐，各位小朋友自由舞蹈，看谁跳得更有想法，看谁和音乐配合得更好，有奖励哦。"

孩子们瞬间兴致高涨，一致要求奖励雪糕冰棍儿，家长们都表示同意。小雪儿学过舞蹈，跳起来很有感觉，可惜没拍上。麦兜麦唛跟随音乐的节奏，自由舒展肢体，根据自己的理解创造着肢体语言……

对，舞蹈就是肢体语言，当你静心聆听音乐，跟着节奏舒展身体表达你对音乐的理解，这就是你的舞蹈。射手常常和麦兜麦唛玩这个肢体游戏。

要走了，雪儿来到射手房间，射手把面扑给雪儿："好朋友，要不要也洗洗脸？"雪儿拿着上搓搓下搓搓，搓搓脖子，洗洗胳膊，射手笑了："雪儿，你是在洗澡吧？"

雪儿说："公主，我会想你的。"

雪儿，射手和麦兜麦唛的好朋友，我们回北京还要一起玩。

射手应该是一个行者，麦兜麦唛也受射手的影响在逐渐成长为一个行者，行走间相遇，行走间开悟……

好友说："旅行不在于时间长短，不在于去哪里，在于和谁在一起。和你们在一起，麦兜麦唛带给我们很多快乐，以后有机会大家多安排些活动。"

天蝎是个笨小孩儿

终于又见到海了。麦兜麦唛第一次来北戴河时，手持摄像机给远在地球另一边的天蝎说话："爸爸，你什么时候和我们一起来北戴河呢？"

时隔一年，五一假期，北戴河，我们一家四口都在。虽然，五一假期之后，天蝎又要出差了。

五一是北戴河的淡季，天还冷，海还没开，但是麦兜麦唛还是很期待。

麦兜麦唛一路嚷嚷着："什么时候到啊？什么时候可以到海边玩沙子啊？"

在下午 4 点左右的时候来到了海边。射手想："天蝎是否也很期待到海边呢？"射手对海边不那么敏感，射手设想的是携手在清静美好的环境里聊天散步什么都不想。

海边的天蝎是个贪玩的大男孩儿，不停地挖沙子，或者筑海井或者垒城堡，被海水冲了再接着重新垒重新加固反复地重复着……美其名曰："我们这是在建设家园，保卫家园。"麦兜麦唛和天蝎爸爸不亦乐乎地建筑保卫着他们的家园。

暮色袭来，每当这时，射手心中总会涌动惆怅，一天即将走完。小儿女的相守是多么的不容易，一家人在一起的休闲时光真的不多，所以我们倍加珍惜。射手也正是用这样的珍视数着和麦兜麦唛亲密无间的日子，因为，她们很快就会长大，然后飞出我们的小家，开始自己的人生。

不用假设生命只有 3 天，我们的生命原本大概也就只有几万天。为什么不珍惜？人生不易，缘聚珍重。

麦兜麦唛原本有两只小红桶，上一只去年坏在了北戴河，这只又坏在了南戴河。麦唛举着桶环儿说："我可以用它当大门！"好宝贝，这个主意不错。

射手的大男孩儿又开始兴致勃勃地和孩子们玩沙子……

麦兜在干什么？麦兜在给射手画一颗心。

麦兜说："妈妈，你看，我画了一颗心，送给你！"这是什么？是一颗心吗？射手看到的是记忆，是麦兜5岁时在三亚海滩上留下的记忆。这一刻，三亚海滩上那些图画，潜藏在小麦兜记忆细胞里的图画被唤醒，麦兜就在北戴河的沙滩上给射手妈妈画下了一颗心。

麦兜："爸爸，看我给妈妈画的心。"

天蝎也开始画，射手关注地看。惊异地发现，居然有人笨成这样，在心里暗叹："一颗心有那么难画吗？"（是谁在为天蝎辩护："画虎画皮难画心……"）

涂涂抹抹画画，真是笨啊，真够笨的，理工男果然有一种让人无语的笨。

这像个屁股还是桃子？

天蝎跑远了又去重新尝试……

尝试，失败，坐在丑丑的心旁边……

还是建筑家园比较靠谱，这显

然是天蝎的长项，比画心挥洒自如多了。

孩子们在玩沙子，天蝎在筑堤坝，射手在远远地看着他们，感受岁月的静好。

小红白

北戴河，海马，居然会捡到海马！射手小时候在《儿童文学》里看到一个故事《海马医生》，海马医生跳进药锅里用自己的身体救别人的生命，射手印象很深。

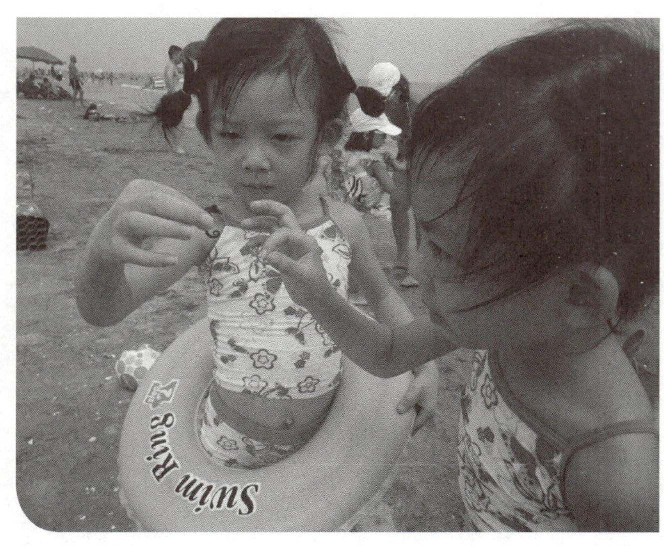

而且还是活的，活的小海马！后来雪儿的堂哥和麦兜麦唛一起给放生了。孩子们，你们做得对！每个生命都很可贵！

还捡到一只死螃蟹，麦唛说："放到我的小桶里，我要救活它。"射手并不会阻止或者说明螃蟹

死了，而是安静地注视着麦唛的慈悲心。善良是一种选择，更是一种教养，作为母亲，能够培养两个善良、乐于助人的孩子是根本性的成功。

射手记得到北戴河的第一晚，朋友带小朋友去抓螃蟹。旁边陌生小伙子的小桶里很快多了好几只螃蟹，朋友却始终一无所获。智商果然是有道理的，麦兜麦唛观察旁边人捕捉方式，告诉朋友："在边上的缝里找，螃蟹在缝里。"于是，一直拿着捕蟹兜在水里捞的朋友改了策略，果然很快抓到了螃蟹。

射手心里暗暗赞赏麦兜麦唛的观察力，却注意到陌生年轻人的桶里有两只极小的螃蟹。射手问："小螃蟹你也要吗？"

年轻人很聪明："小的待会儿就放了，刚刚一起捞进来了。"

麦兜麦唛很高兴："妈妈，哥哥会把小螃蟹放回河里，对吗？"

射手："对，螃蟹太小，伤害小鱼苗小螃蟹小的动物是破坏生物链，麦兜麦唛以后都不会这么做，对吗？"

射手一家去郊游时，也会抓螃蟹捉蝌蚪扑蝴蝶逮小鱼儿，但是每一次我们都并不会真的伤害这些弱小的生命，每一次我们最终都会放它们回家。麦兜麦唛也渐渐会说："小蚂蚱，我们不会伤害你，我们一起玩一会儿吧，然后就放你回家。"

随着射手年纪渐长，看到那些活生生的动物时，越来越不忍心伤害它们。它们存在，存在即合理。如果人类不过分，大自然会从内在给与一个平衡。

在北戴河，重点要说的是小红白。小红白是在人大基地遇到的一只"鸭子"，其实我们并不确定它是鸭子。

即使大风，也不能吹散我们在室外游荡玩耍的决心。沿着人大基地湖边行走，是天蝎先发现的："那儿有只鸭子。"射手虽然知道湖里有鸭舍，但是之前从未真看到过鸭子。听到天蝎这么说，射手和麦兜麦唛开始找，隔着一座桥，和不是鸭子的“鸭子”，相望。

终于看到了，麦兜麦唛迅速地跑过去：“哈哈哈，找到了，‘鸭子’在这儿！”

热爱小动物的麦唛看兴奋地扑过去，“鸣子”跑了。你跑我就赶，赶鸭子赶小动物是麦唛的方式，“鸭子”四处逃窜，很快不见踪影。

麦唛很失望，但毫不泄气：“我要到那边去找，‘鸭子’跑到那边去了！”

麦兜静观其变。

终于又找到了，麦唛：“哈哈哈，我说对了吧！它在这儿呢！”

射手建议：“麦兜麦唛，如果你们友好，‘鸭子’会懂。你们试着和‘鸭子’说话，说你们愿意和它做朋友，不会伤害它。有谁愿意靠近一个总是追赶他的人呢？”

麦兜麦唛相当有悟性。本来正在逃离的“鸭子”也善解人意地开始回头靠近。射手：“可惜啊，不知道你在这里，我们没有带食物给你。下次我们会带食物给你，一定！”

麦兜麦唛也这样跟“鸭子”说话……

非常意外地，我们走了有好一段了，天蝎突然说：“‘鸭子’跟过来了。”

回头，果然见“鸭子”摇摇摆摆地找我们来了。我们站住等待，是真的，“鸭子”走向了我们……

也许，麦兜麦唛因为“鸭子”跟过来，印证了射手说的动物具备灵性，初次感受以爱育爱。

射手：“你们可以给‘鸭子’起个名字，你们用这个名字叫它，它会懂。”

麦兜麦唛：“我们叫它‘小红白’。”

和天蝎来北戴河的第一天，我们一家认识了“小红白”。

五一假期 3 天，每天我们都会来湖边找小红白。每次吃过饭，我们都会带着食物去找小红白。每当我们接近湖边，小红白就会摇摇摆摆地走过来，似乎认识我们的声音，在迎接我们。

麦兜麦唛在北戴河认识了小红白，一个意外的收获。和小动物的感情，会拓展孩子的情商值，使孩子们内心更加柔软，懂得爱护众生。

要走了，我们一家专门去“鸭舍”和小红白告别，遗憾的是，没有再看见小红白。似乎，小红白知道我们要走了，不愿意说再见，伤离别的小红白藏起来了。

小红白伤离别，麦兜麦唛可不懂得伤离别，刚还在失望：“妈妈，小红白不在，它去哪里了？”转眼，看到小鸟就去追……“妈妈，飞了！”……

飞了是正常的！不飞你们会怎样呢？射手可以确定的是，麦兜麦唛一定不会伤害小鸟。那么，调皮就调皮一点儿吧。射手妈妈就这么宽容地笑看着你们。

在一起就好好珍惜，友爱相处，要说再见，也好好地说再见。如果没有说再见的机会，也没关系，我们都记得曾经美好的相遇。

麦兜麦唛这种不伤春悲秋、随缘喜乐的个性，挺好。

北戴河疼痛的橙子在时光里化成温暖的背影。

麦兜喜欢说："虽然我没钱，但我有个橙。"

麦唛喜欢说："你想要一颗苹果，我会给你一个果园。"

对，就这样，射手妈妈欣喜地注视你们这样长大！

射手喜欢安静坐在海边看夕阳……

射手被麦兜麦唛安静的背影打动……

麦兜麦唛长大后，看着这两张照片，会不会也觉得很美好？

孩子，你们的童年我们曾在北戴河，有水母疼痛的记忆，疼痛过去，依旧事关美好。

南戴河3对双胞胎的友谊

旅行，独行自由，结伴而行也自有妙处，至于什么妙处，则因同行伙伴不同各有不同。

射手常常是自己一人带着双宝贝旅行，因为天蝎工作不自由且忙碌，也因为射手天生酷爱自由、不喜牵绊的独行侠个性。

但是，旅途也不应仅仅是独自行走的过程，偶尔，融入了伙伴也会别有趣味，即使因为孩子，我们有时也应该稍敛自己的个性，同伴共游。因为，随着孩子年龄的增长，同龄伙伴，是她们成长的必要存在。

在南戴河，射手一家四口不仅完美相伴，更妙的是，天蝎夫君的同事一家、射手的同事一家，不约而同聚合南戴河，最妙的是，我们是3个双胞胎家庭！

从北戴河开车前往十几公里外的南戴河，和天蝎的同事会合，他们在南戴河区域内买了一套酒店式海景公寓。天空在飘小雨，天很冷。一路相遇多处美景，很想停车。

但小狮子还是一直在朝目的地行驶中……

有时候，旅行会这样，不跟着自己的步调走，因为，有别人加入。如果旅行选择了和他人同行，就要做好牺牲部分个人兴趣的准备。

和他人一起旅行，更安全，彼此互相有个照应，大多数人都会选择结伴而行，无论自行结伴抑或跟着旅行团。

射手，是星座书里最喜欢自己行走的星座，因为射手常常用脚行走，随心而动，所以更适合单独行动。

“可是，我们和别人一起，我们需要照顾别人的时间安排。”射手会这样告诉麦兜麦唛。是的，如果我们和别人在一起，那么行动就需要照顾对方的脚步。

室外有风，但是雨停了，天空很蓝，云很白，去海边玩沙子吧，5月初的南戴河不能下海。

天蝎同事家一对双胞胎，紧接着又来了射手同事家一对双胞胎。南戴河的某天下午，迎来了3对双胞胎的欢闹。

天蝎：“天，4个已经够闹腾了，现在6个了。”

射手想：“刚和4个小朋友玩得不亦乐乎的是谁呢？”

“来来来，看谁跳得最高，笑得最响亮！待会儿就给你们看照片。”射手拍拍手，给孩子们喊话，闹哄哄的孩子们瞬间开始配合，举着相机等了半天的同事大姐终于拍到了欢喜的记忆。当然，下图是射手拍的。

拍完以上照片，射手给孩子们开了个小会，安排了班长、队长，有想管理的，有想被管理的，各个安排到位……

1小时后返回，射手又给孩子们开了个会，汇报相处情况，七嘴八舌告状，矛盾主要集中在8岁的对7岁的不满，7岁的总骂8岁的讨厌，8岁的总想玩7岁的铲子……

6岁的麦兜麦唛没有和姐姐们发生任何矛盾，射手让麦兜麦唛说说：“究竟是怎么回事呢？”

麦兜麦唛眨巴着大眼睛，看了看姐姐们，说：“我们一起玩，谁需要什么就给谁好了。”

射手很高兴麦兜麦唛这么分析问题，没有批评任何一个小姐姐。很好，再拍照片时，大家一团和气，拥抱友爱。孩子的世界，成年人有时需要给他们留白。孩子的矛盾，成年人有时不需评判对错。孩子们自己会给自己找到合理的相处模式。

没有大人，把孩子们自己留在海边是不明智的。虽然天蝎一直在旁看护，但射手还是肯定了孩子们，夸奖她们保证了自己的安全，表现非常棒。当射手宣布：“妈妈（阿姨）认为你们表现都很不错，所以现在有奖励。”巧克力，孩子们的最爱，女孩子的更爱，射手的车里有两盒崭新的德芙巧克力。孩子们欢呼雀跃。

射手：“现在爸爸（叔叔）去车里取巧克力，我们来拍照，让我看看谁的表情最有趣……”

雅涵低着头不高兴，射手注意到了：“谁喜欢雅涵，举手！”小朋友们都高高举起了小手。雅涵还是低垂着头，射手又笑：“谁喜欢雅涵举起两只小手！”小朋友们都高高举起了两只手。这时，雅涵抬起头看周围的小手……

孩子的个性有与生俱来的天性，也有引导……

如果问射手，什么样的性格对于孩子来说最重要？射手会说："首先，要阳光快乐！"

一个可以让自己快乐的孩子，一定不会不好，更会在逆境中自得其乐。一个自己快乐的孩子也注定会把阳光洒给别人，人缘就不会差，就可能少挫折。毕竟，谁不喜欢轻松愉快呢？

巧克力终于来了。

射手："每人一块儿，谁先？但是拿到巧克力的时候，最好可以听到一句关于友情的话。"

6 个小女孩儿每人都说了一句关于友情的、温暖的话。

8 岁的和 7 岁的互相说："对不起。"

巧克力的一句友情感言很有力量啊。友情也许只需要一句"对不起"。

她们是麦兜麦唛的朋友，也是射手的朋友。如果孩子的朋友都可以是妈妈的朋友，这应该是一件不仅美好而且有用的事情，是不是呢？

至少，尊重并接受孩子的朋友，是每个父母应该做的事情；让孩子的朋友接受并尊重你，是值得每个父母做的事情。

两去上海

“三岁看大，七岁看老。”是民间流传的育儿俗语，已经被教育心理学等多重现代科学验证，真实不虚。孩子3岁前，母亲的亲自陪伴照顾，对于孩子一生身心健康以及后天发展至关重要。

还有一项教育原则：“家庭结构越简单越利于孩子成长。”是因为家庭成员越多，意见越多，待人接物以及育儿观点的不一致，导致矛盾和信息复杂，对于幼儿来说需要的是和谐、简单的成长环境，更有安全感也更容易明辨是非。

射手遵循这两个原则，自己全职带麦兜麦唛。麦兜麦唛3岁以前育儿是重点，陪伴照顾孩子之外有余力才会分配给其他事务。麦兜麦唛3岁以后7岁以前，射手面对每一次工作机遇，都会首先考量、协商是否可以带孩子一起工作？

所以麦兜麦唛3岁以后，射手给了麦兜麦唛一种特殊的旅行——在射手的工作中旅行。

射手做主编，带着她们上班。射手审片儿时，麦兜麦唛坐在旁边看，不时提出问题观点，同事大惊：“她们居然看进去了？提的问题还都在点儿上？！”看的是纪录片，从技术到拍摄都很简单粗陋的老片子。麦兜麦唛4岁。纪录片不是每一部都像《海洋》[1]。更多时候，麦兜麦唛会在自己的

[1] 《海洋》：中国八九十年代纪录片，因为局限于技术的落后等原因，制作粗糙，内容刻板，不吸引人。2013年引进的国外纪录片《海洋》制作精良画面美，结构有故事感，一度口碑爆棚，刷新了国人对于纪录片的观感。

“办公室”里，看书，画画，关心她们的叔叔阿姨送各种好吃的，给她们喝水，给她们读几页故事……偶尔，射手加班的时间，麦唛会腻到射手办公桌前画画。

五四青年节，主持人来找射手：“灵子老师，让麦兜麦唛支持一下呗！”射手：“她们貌似距离青年还很遥远……”但是，麦兜麦唛痛快地答应了。麦兜麦唛准备的是现代诗唐诗串联，时间安排得比较靠前，朗诵完，台下一片唏嘘：“完了，我准备的都被小朋友朗诵了……”

麦兜麦唛也会跟着大家郊游，每个人“都是我们的好朋友”。一张张集体照常会有麦兜麦唛在。

射手应邀参加山区扶贫助学活动带着麦兜麦唛，射手去拍片，带着麦兜麦唛，这也是射手最喜欢带

着麦兜麦唛的工作，陌生的地方，不同的体验。

参加国际友人公益活动，麦兜麦唛会登台演唱，当她们把名字大方写在名帖上时，她们是她们自己，不是妈妈的附庸。

带着孩子工作，把工作当做一个旅行，其中有射手学龄前育儿理念在主导，也有出于家庭现实情况的无奈。

比如“办公室”的麦兜麦唛，4 岁，天蝎当时在国外出差，射手临危受命的节目急需射手支持，高强度的工作。

麦兜麦唛幼儿园老师对麦兜麦唛说：“如果明天妈妈接得早，就奖励你们小红花。”麦兜麦唛说：“谢谢老师，我们不要。”

这种特殊情况下，射手选择带着麦兜麦唛上班。节目运行进入正轨后，射手选择辞职，并第一时间带着麦兜麦唛去旅行。老人？保姆？钟点工？托管？No，这些不在射手考量范围之内。如果不能带着孩子上班，射手会选择放弃工作照顾孩子。

射手带着麦兜麦唛最早真正意义上的工作旅行是去上海，那时麦兜麦唛两岁多。

初来乍到，已被人性关照

第一次带麦兜麦唛去上海，是出版社邀请射手参加上海图书博览会，签名售书。中国每年有两大图书盛会，一个是元月的北京图书博览会，一个是夏秋时节的上海图书博览会。

天蝎在出差。即使不出差，工作忙碌的他也没法儿照顾麦兜麦唛。射手提出：“希望可以带着双宝贝一起去，孩子所需费用我们自费。”鉴于射手家的具体情况，出版社同意了。

多了两个小孩子，的确给出版社增加了压力，但出版社用周到的安排自行消解了。时间教会射手成长，日渐成熟的射手也更加感激出版社领导的人性化。

出发，出版社安排张师傅接送我们到机场，张师傅夫妇非常周到。

好动是大多数幼儿的天性，孩子们正是用这种方式体验、认知周围的一切，满足好奇心，发展探索能力。遗憾的是，很多家长总是要求孩子安静坐好，乖一点儿！能乖乖静静坐定的就不是小孩儿，只有好动程度分高下的相对乖存在。

等待飞机起飞，麦兜麦唛爬上爬下东看西看。射手注意到，麦兜麦唛的好动，并未打扰到其他乘客，也并未引起任何人的反感，相反，人们会主动和麦兜麦唛聊天逗逗小朋友。时而站起来面向后排的麦兜，正在建立她的新社交，和后排乘客聊得很不错，友好，礼貌。

当然，在飞机起飞前，麦兜麦唛配合空姐的指令，乖乖坐好，并主动学习自己系好了安全带。“妈妈，看，我系好了。”小朋友自豪地说。射手：“嗯，这并不难。因为你足够聪明，更重要的是你很愿意学习。竖个大拇指！”

麦兜麦唛已经建立了阅读兴趣和习惯，但凡手边有可阅读物，麦兜麦唛都会拿过来阅读。小朋友，你读懂了吗？射手妈妈记得你现在还不认得字哦。可是，这有什么关系呢？

阅读和认字最初是两件事。

到达上海浦东机场，出版社上海区域负责人和实习的大哥哥来接机。辛苦了，谢谢！

射手的责编元，自从编辑出版了射手的第一本书后，现已升任编辑部主任，我们同屋。出版社安排作者和编辑同屋，利于工作，也利于增进感情连接。

责编元也是阳光灿烂的射手座，是比射手更爱笑的上世纪70年代尾巴尖儿的女射手。她带着更多的好奇和射手同屋，她对射手和麦兜麦唛的相处非常好奇，因为她有个和麦兜麦唛同岁的女儿；正因为这样，她和麦兜麦唛也更加容易相处。

麦兜麦唛认为宾馆房间是“阿姨的家”，而我们，受邀做客阿姨的家。

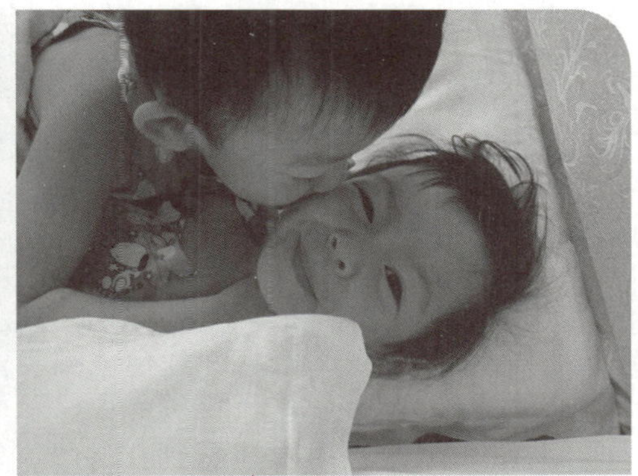

“哈哈，这个‘阿姨的家’很好玩 。”出版社和宾馆协调，给麦兜麦唛打造了一张特殊的床。

麦兜麦唛很开心，洗过澡自己就爬上“小床”钻进被窝：“妈妈，我们相亲相爱的！”

没安分几分钟，就成了蹦床……

上海，麦兜麦唛初来乍到，已被温暖人性关照。

世博会精力充沛的小孩儿

那是2010年的8月，上海世博会正在热热闹闹地举办。

中国很多地方都正笼罩在难耐的酷热中，持续高温预警。不过出版社安排世博参观的当天，虽然晒，但有风，据说是连日来的最佳天气，实在幸运。但世博园太大了，出版社的各位老师多日连续辛苦工作，第二天还有工作任务，所以大家只去了3个馆。

麦兜麦唛，本来大家认为最需要照顾的两个小人儿，用自己的实力让大家很惊奇：“这两个小孩儿精力这么充沛！”

同屋的射手元睁大眼睛反复问麦兜麦唛：“麦兜麦唛，你们不知道累的吗？！”

吃饭时，看着精神活泼的麦兜麦唛，叔叔阿姨都问：“小朋友不累吗，走那么多路？”

射手元说：“你们不知道，从世博会回来，我们都倒头大睡，一直睡到吃饭都不想起来，她们晚上居然还去黄浦江玩了。”

麦兜麦唛：“不累！我们和妈妈去坐观光游轮！”

“你们晚上还去黄浦江了？就你们3个？”

“这两个小孩儿精力充沛！——挺瘦的呀！”

“我家那个这么晒的天气，根本不出门……”

“是你不让出门，还是人家孩子不出门啊……”

……

大家在闲谈，射手注意到一件事，究竟是大人低估或者过于疼爱孩子们，所以孩子们的体能并没有得到正常的发挥和锻炼，还是麦兜麦唛的体能的确相当好？

射手自我评估，麦兜麦唛有遗传射手精力充沛、超出常人活力的部分，但是体能各方面应该属于正常范畴，所以，更多时候，大概是射手妈妈比较“不懂得心疼孩子”，麦兜麦唛的体能各方面也在被动中不断增强。

现在回过头去看当时的照片，会惊讶地想：“原来麦兜麦唛那么小啊！”从某种角度来说，不把孩子当孩子，有时也是练孩子的好方法。当然，凡事有度。像传说中的狼爸那样练孩子，射手还是狠不下来的。毕竟，我们都是普通人，有正常的教养就够了。

上海世博会是中国首届世界博览会，主题“城市，让生活更美好”。当年创下了历届规模最大、参观人数历史之最的两个世界纪录。最热门的是中国馆、瑞士馆、日本馆和美国馆。因为太热门了，队伍排成长龙。“中国馆得去看看，听说很不错。”上面这几个热点馆，我们好像只去了中国馆。

下图是城市人馆，射手元说：“背景不错，给你们拍个。”

麦兜麦唛闯进禁入线，抱起小狗，引来围观……

射手并未阻止，无伤大雅的小事件射手会放任。两个娃娃站在里面成了游客关注的一道特别风景，给老板的摊位带来了人气。

射手是一个双重性格的人，一方面会恪尽职守，尊重规则，一方面却会从心所欲，当然“从心所欲”原本就是建立在“不逾矩”的基础上的。

射手不希望麦兜麦唛呆板、胆怯、被限制、缩手缩脚，射手希望在一些无伤大雅的小事上，鼓励麦兜麦唛内在的大胆、越界。人性的自由不应该被湮灭，自由的灵魂才会创意无限。

非洲对麦兜麦唛来说还只是个概念，但麦兜麦唛喜欢看《我的野生动物朋友们》那本书，喜欢书中骑在鸵鸟上的金发小姐姐，麦兜麦唛喜欢非洲馆。

有洁癖的射手没有阻止麦唛，毛茸茸的，小朋友第一时间是想用小手和嘴唇感受大猩猩的皮毛。在小朋友眼里，这个大猩猩可不是什么标本。她们，还不懂得害怕，只懂得——我喜欢动物！

和黑人店主合影。麦兜麦唛好奇地看着黑人阿姨，走过后一直说："她是黑的！""妈妈，她是黑的！"

射手："阿姨是非洲人。非洲在距离我们中国很远的地方，隔着大海，那里很热很晒，所以人们皮肤都很黑。地球上有各种肤色的人们，我们中国人是黄色皮肤，美国人是白色皮肤。我们人类也是有颜色的，就好像鸟儿的羽毛有不同的颜色。记得，一直盯着别人看很没有礼貌哦。"

麦兜麦唛喜欢这个阳光的哥哥，哥哥爷儿俩对双宝贝很照顾。

拍下这张照片时，射手想：麦兜麦唛很快也会长成亭亭玉立的少女，站在妈妈身边，就好像现在哥哥站在伯伯身边一样。

黄浦江上坐过来坐过去的轮渡

麦兜麦唛一直想坐轮船，这次上海之行，射手决定实现麦兜麦唛的心愿。

签名售书后，射手的工作就完成了，返程之前，都是射手自由活动时间。射手带着麦兜麦唛去坐轮船。

“妈妈，我累了。”

“就要到外滩了，看，前面就是了，加油，宝贝儿！麦兜麦唛棒棒的！”

下了公车，沿着步行街一路走过来，麦兜麦唛不想走了。有几个妈妈会比射手妈妈“狠心”呢？

如果是一个娃娃，妈妈会抱抱吗？两个娃娃，如果路的确稍微超过了小宝宝的体力限度，射手妈妈也会一起抱起来的，对不对？该抱的时候射手会抱。自己抱两个娃娃走路，开开心心地好像做游戏。瘦瘦小小的射手，抱起两个娃娃唱歌走路，如果没当妈妈，射手很难想象这一幕。所以说：“为女虽弱，为母则强。”即使射手抱不动，我们也可以有别的办法。

但是，现在，麦兜麦唛，继续走吧，因为，你们可以。

哈哈，不是到了吗？外滩！轮船！

“妈妈，轮船，轮船！”麦兜麦唛想坐轮船的心愿就要实现啦。

感谢上天，让射手可以及时满足你们一个个小心愿。但是你们需要知道，在这个世界上，有很多孩子的心愿可能只是一个面包一碗水……

所以，你们要善良，射手给你们所有的养育，带你们走过的所有的路，都是为了你们能够成为更好的人，成为更好的人才有本事帮助更多的需要帮助的人。

轮船，轮船！北京家里图片上的轮船！轮船，轮船，北京家里念叨的“我要坐”的“轮船”！

观光游轮下午才有……

麦唛："妈妈，我们不能坐轮船了吗？"

"当然……能！不用担心！"射手摸摸麦唛担心的小脸，"是说观光的游轮晚上才开放，我们可以去坐轮渡。"

"妈妈，轮渡是什么？"麦兜问。

"轮渡是从岸这边坐到另一边，摆渡人们过江的。人们过河有的走桥过去，有的乘船过去，黄浦江上载人们过河的轮船就叫轮渡。"

"轮渡！哦，我们坐轮渡！"麦兜麦唛终于可以如愿以偿了，射手也笑了。

初上轮渡，麦兜麦唛专注、安静地注视江面，持续了很久，不时回头给射手分享所见所感。

坐过来坐过去，坐过来坐过去，坐了4次轮渡。第4次返程的时候，误打误撞上了上海当地人的日常轮渡，射手瞬间庆幸，感觉很过瘾，接地气。

没有座位，没有空调，江风从前舱到后舱横穿而过，通透，舒服！不憋闷！5毛钱，比游客坐的观光轮渡便宜1元5角钱。这1元5角钱拉开的是游人和当地人的距离，是陌生和了解的距离！如果想了解一个地方就是行走，或者借用某种方式进入当地民生中去。

射手和麦兜麦唛无意间闯入了上海人的生活轮渡，瞬间进入了当地民生百态。

过来的时候坐船尾，回去的时

候坐船头，都感受一下。也会遇到不同的陌生人。的确不能随便给大灰狼开门，但敲门的也并不都是大灰狼，更多时候还是兔妈妈回家了，所以，孩子，不用担心，可以友善地回答。不过，太清楚的就不用说了。比如可以说我们从北京来，但不要说家庭地址；可以说爸爸妈妈的名字，但是不要说电话号码；有时候，也许可以含糊地说你几岁了……

射手是会一直教麦兜麦唛保护自己人身安全，但最终我们要教会孩子的还是：用智慧辨析对方，保全自己；而不是拒绝别人，锁起自己。

雷雨中洗澡澡的小孩儿

上海海洋馆有多项中国之最，号称“世界第二亚洲第一”，是中国科普科教园地，位于上海浦东新区陆家嘴，紧邻东方明珠，和外滩隔着一条黄浦江。

轮渡又把我们送到了黄浦江的南岸。海洋馆在江这边，麦兜麦唛想看大鲨鱼，先去海洋馆，之后返回外滩坐观光游轮，时间合适。射手：“我们现在去海洋馆，看大鲨鱼吧。”

麦兜麦唛：“去看大鲨鱼！妈妈，那还坐轮渡吗？”

射手：“还想坐吗？如果想，待会儿再坐轮渡。”

麦兜麦唛：“妈妈，是坐观光游轮吗？”

射手：“我们要先坐轮渡回到黄浦江对岸，我们刚来的地方，然后才能去坐观光游轮。”

决定了，去看大鲨鱼。海洋馆是孩子们喜欢去的地方，射手应该带着麦兜麦唛去才不虚此行。

在路上……上午还各种不想走的小朋友，现在完全不说累了嘛。麦兜麦唛终将跟着爱走路的射手妈妈练就走路的好本领。而射手，是从小跟着外婆走南城、串[1]北城练出来的。感恩有个爱“串”的外婆！

走了一小段，豌豆公主麦兜说：“妈妈，我的鞋子里有渣滓。”如果天蝎爸爸听到，会立刻蹲下把麦兜抱在怀里，脱下鞋子反复检查。可是，天蝎不在。射手妈妈说：“看，那里有座位，我们过去坐在那里好好检查一下怎么样？就要下雨了。”

不远处，是超市外的休闲座位，走过去，麦兜早就忘记鞋子里的渣滓了。天蝎夫君，为什么十次有九次在麦兜鞋子里找不到渣滓呢？好好想想……

也许，麦兜只是把“妈妈，我要抱抱”换了种说法。但是，我们可以休息会儿。

走到超市门口了，麦兜麦唛：“妈妈，我们可以进去看看吗？”

射手：“可以。我们进去吧。”看着麦兜活泼泼地推门进入的兴奋劲儿，射手心说：“麦兜，你鞋子里的渣滓呢？”不过射手不说出来，射手只是偷笑了。

“城市人”超市，很不错哦，喜欢这个超市。清洁，写意，用心地布局、设计每个角落和商品。

按惯例，射手说：“你们可以选择自己喜欢的，但是不能超过3件。”（再长大些，射手会这样说：“妈妈给你们每个人20元零花钱，自由支配，不能超支。如果这次有没花完的钱，可以和下次的一起用。”）麦兜麦唛用心地选择，选出自己最喜欢的3件。其他需要的，射手会悄悄补齐给她们。

“今天是个好天气，因为天空下着雨，我和你在一起，雨天难忘记。”这首歌的歌词很应景。和许多陌生人相遇在这个避雨的屋檐下，如同歌词，度过一段快乐时光。

麦兜麦唛不会因为雨天沮丧，她们随遇而安、友善好奇的个性，使她们不会陷入沉闷。给养完毕，她们说：“妈妈，我们可以在这儿玩会儿吗？”射手点头。

[1] 串：陕北方言，意为闲逛。

麦兜麦唛跳下椅子，开始建立避雨所在的社交圈儿。

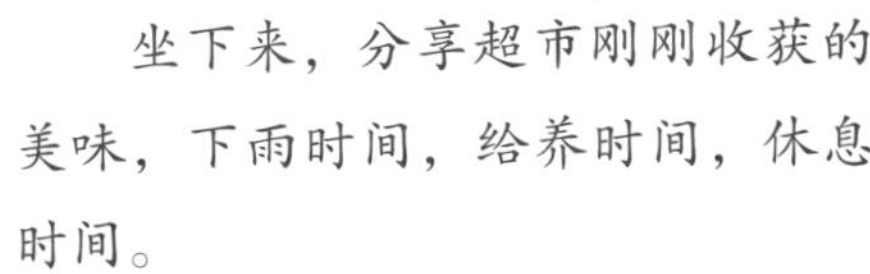

坐下来，分享超市刚刚收获的美味，下雨时间，给养时间，休息时间。

“妈妈，阿姨给我们的。”

好像天上有人拿着大盆子在倾倒，雨越下越大。避雨的人们，似乎都不着急，都很愉快。麦兜麦唛更不知道着急，愉快地和新朋友们各种游戏。射手安静地注视着两个小人儿，我们又不赶路，我们有时间。

旁边小哥哥们一个无意的动作，麦兜麦唛注意到了，也学着做。但大家都说：“你们还小，做不来哥哥的动作，小心摔着了。”人们边说，边护着麦兜麦唛。麦兜麦唛并没有停下来，一直学，反复练。射手说：“我女儿可以，加油！但是小心别磕到自己，手抓稳！”

果然，做到了！麦兜先做到，麦唛执着练习的时候，小哥哥一直守在旁边，

指导保护着麦唛。麦唛努力了很多次，终于也像姐姐哥哥们一样坐上去了。小麦唛坐着不下来，小脸透着满足！旁边的小哥哥也开心地笑了。

麦兜似乎察觉到了大雨，搬着新朋友的小凳子坐下，看雨。小人儿和年龄似乎不相符的背影，专注、安静……打动射手……

这场大雨，驱散酷暑，带给麦兜麦唛欢乐，真是“好雨知时节”。

哗哗的下雨，劈劈啪啪的雨点落在地上，溅开水花，“唰”——车开过去，飞溅起水花。哗哗的大雨在下……在下……

麦兜站起来，试着去用手接触雨……试探、试探、试探……“妈妈，雨淋到我手上了！”“妈妈，我又被雨淋到了！”……

从指间，到手掌，到胳膊，到跑进雨地，迅速逃回来……

最后，整个冲进雨里，把大雨当成淋浴：“哈，我在洗澡澡，我在洗头发……”

有人善意地提醒射手：“小心孩子感冒了。”也有人直接喊：“回来了宝贝儿，浇着了！”射手这个“二”妈，坐在茶座上，没有说话，没有喊叫，看着麦兜麦唛的游戏……

麦兜麦唛不时跑回射手身边，兴高采烈地欢笑：“哈哈，妈妈，我们在洗澡澡，哈哈哈哈……”

射手给麦兜麦唛随口编歌唱：“还好。春天的雨水，会让你生病；秋天的雨水，会让你生病；冬天的雨水，会让你生病。春天的雨水会让你头发森林长小动物，秋天的雨水会让你和树上落下来的黄叶一样软弱，冬天的雨水会让你变成僵硬的冰棍儿。还好，现在是夏天，炎热的夏天，夏天的雨水只带给你快乐。笑吧，欢笑吧，只要你开心就好。你去洗澡澡，在夏天的大雨里洗澡澡。只要不打雷，你就可以继续洗澡澡。但是，宝贝儿，你要记得，如果打雷，还没听到雷声，就赶紧跑。”

雨渐停了，上路的时候，多了一家人。小帅哥儿说：“阿姨，我妈妈说我们一起去。”他们也去海洋馆。

麦兜麦唛一路都在玩水。同行的阿姨比射手这个妈妈还操心，一路给麦兜麦唛打伞、擦头发，嘱咐孩子照顾小妹妹，小心滑倒了，小心玩水感冒了……面对善意，射手总是微笑，心中感恩。

东方明珠到了。射手：“那个塔是东方明珠，东方明珠的意思是东方最亮眼的美丽女子。”

麦兜麦唛：“妈妈，那个塔是亮眼睛的美女变成的吗？”

射手：“人们假装是。”

麦兜：“我眼睛亮！”

麦唛：“妈妈，我们也是东方明珠，我们3个都是。”

射手：“说得真对！我们3个就是东方明珠！”

一会儿飘雨，一会儿晴，阴晴不定的东方明珠

塔旁，射手牵着两个头发湿漉漉的小娃娃，可是小娃娃很开心，也没有感冒，这是事实。

海洋馆放几张照片吧，毕竟，这一路是冲着海洋馆来的。

麦唛喜欢的“五角星”——海星　　单细胞海母　　麦兜麦唛期待的大鲨鱼

返回黄浦江边观光游轮售票点时，遇到麻烦。射手写这些文字的时候，在想，不知道过了这些年，这家公司服务有没有改善。

售票员不肯卖票给射手，原因是：“一个人只能带一个孩子。”既然是规则，射手只好遵守。很巧的是，刚好一家人走到身边，对射手说：“和我们一起吧。”射手刚要致谢，售票员却在旁边说：“需要再加 100 元钱。”

射手问：“这 100 元钱是为什么？”

售票员说：“不为什么，要买就赶紧买，不买就走人！”

陌生的一家人帮射手说话了：“你们这太不合理了，你说加就加？我们这 3 个大人带 3 个孩子，加 100 元钱是什么理由？你起码得有个说法，人家才明白对吧？”

售票员拉开嗓门不耐烦地准备吵架。

射手冷冷地说：“每一张票每一分钱都应该有明文规定合理定价，如果你没有正当的理由，或者你不能解释，你告诉我找谁可以解答我的问题。我有足够的耐心。不是100元钱的问题，是你们的管理问题。这100元钱交给你也没有票，钱究竟是给谁了？总有人会给我一个答案的，你说呢？”

售票员愣住了，旁边另一个工作人员过来圆场：“算了，算了，你赶紧把票卖给人家。”

就这样，射手在善意的陌生人帮助下，带着麦兜麦唛登上了观光游轮。

黄浦江夜景，两岁孩子的视角感受是什么呢？麦兜麦唛说：“妈妈，好漂亮！”

下了观光游轮后，因为外滩几乎是打不到车的，又走了很远才打到车，回到宾馆10点多，射手座的妈妈就是这样练娃的，这一天自己也觉得有点儿“狠”了……

不过这是旅途，不是日常。

日常中的幼儿生活需要规律，也必须规律，但旅途，随缘而行吧。小朋友也没有那么娇气的。睡一觉起来，又是活力四射。

出版社的叔叔给麦兜麦唛打招呼：“麦兜麦唛，去世博走那么多路累不累啊？”射手元跟同事大声说：“她们昨天晚上还去黄浦江了……我真是服了！她们好像完全不知道累！”

“麦兜麦唛，给阿姨说说，你们知道累吗？”射手元笑着问麦兜麦唛。

温暖的告别

就要离开上海了，早饭后……

最后的疯狂榻榻米！“出发了，再见‘阿姨的家’”！

谢谢杜伯伯和大哥哥细致贴心的照顾。

感谢出版社领导王老师的关照。

候机室麦兜在整理书籍。

既是候机也是愉快时光，孩子没有因为天气情况飞机延点的烦恼，反而，遇见了新的朋友，小姐姐有芭比娃娃。很快，芭比娃娃到了麦兜麦唛手里，玩得不亦乐乎。

小女孩儿与生俱来的母性，需要娃娃满足。芭比娃娃，满足了女孩儿们爱美的母性。

回到家的时候已经夜里10点多了，王伯伯和杜伯伯牵着双宝贝的小手一起送到楼下。在濛濛的细雨中，握手互致谢意。

麦兜麦唛第一次的上海之行，就这样在温暖的感动中结束了……

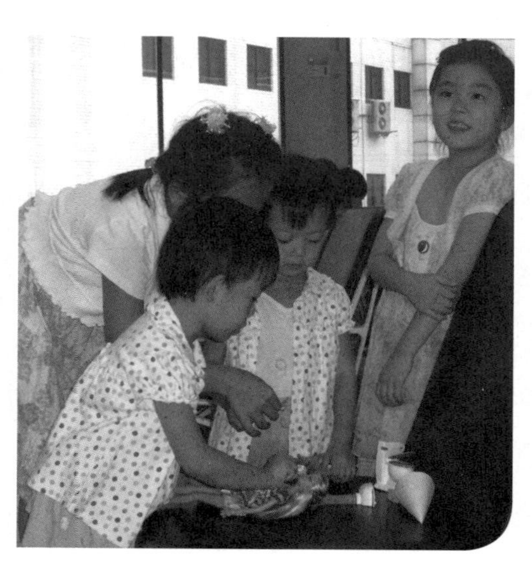

人民广场吃莲子

麦兜麦唛第二次来上海，是家庭度假。上海，有一天半的时间。上次是和妈妈一起来签名售书，这次是去普陀山路过。

高铁比射手提防的还冷，准备的外衫不能抵挡寒气。问，麦兜麦唛："不冷。"从开车就写写画画不停的麦兜麦唛，小手儿是冰凉的。室内外空调差异是旅途中妈妈们需要考量的，便携保暖的厚外套是必需的装备。

一本书，一支笔，一个涂鸦本，可以不空负乘车时间。

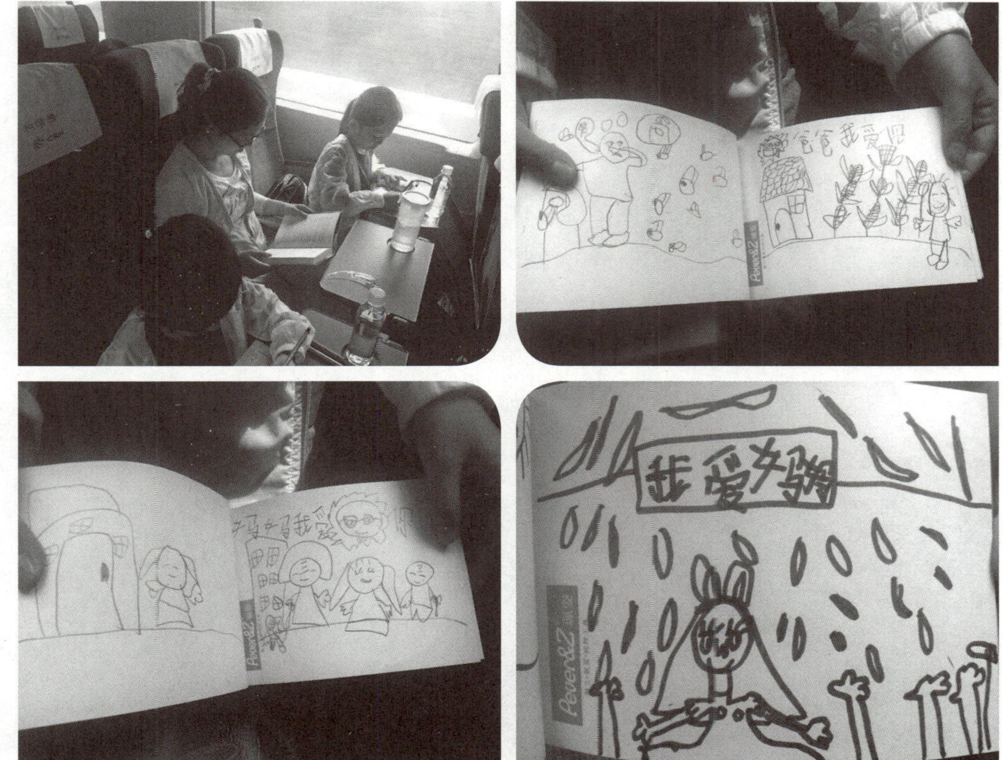

麦兜麦唛的每一幅画都是一个故事，她们开始画连续的画面完成一个长故事，还不时给射手展示一下，讲述她画的故事。

麦兜麦唛在每一个乘车、乘机、就餐休息等旅途空当看书或者画画，这是一个好习惯。

写，在不认识字的时候写给射手密码信件；画，在小手还不能够掌握点线面的时候，各种涂鸦。

近 5 个小时的时间，射手一家已经抵达上海虹桥站。麦兜麦唛收起画笔和涂鸦本，整理小包，准备下车。

上海用晴好的蓝天迎接了我们。

到预订宾馆安顿好，放下行李负累。我们开始游走，目的模糊地在无名的街边游走。

最好的旅行是什么，就是用你的脚去走过这个城市，真实直接，快且有效了解陌生城市。

行走间，天色渐晚了，我们已经从无名的小街换乘地铁，出人民广场地铁站，一路游走，经过人民大道……上海大剧院……上海城市规划展示馆……又一路游走，穿过人民公园，已经身处人民广场的大片绿地中。白天的人民广场有鸽子，夜晚的人民广场有什么？

一路蹦蹦跳跳的麦兜麦唛说：“妈妈，上海的天空好像很高很深，是不是因为楼很高呢？”

即使天已经黑了，街灯都亮起来，也不能够看清楚草地带给人的愉悦。可是麦兜麦唛却依旧兴致勃勃地说：“妈妈，我们可以在草地上玩会儿吗？”射手：“当然。”

麦兜：“我们一起在草地上跳舞吧，妈妈。”

射手：“OK！”

麦兜麦唛：“爸爸，Music！”

手机的音乐在渐浓的暮色里欢唱，天蝎看着射手和麦兜麦唛胡乱舞蹈。

是的，射手根本就不会跳舞，但是，射手一直带着麦兜麦唛跳舞。射手给小小的麦兜麦唛说：“舞蹈，就是看不清楚的音乐仙子飞进你的耳朵里，变成看得到的舞蹈仙子。听到音乐，你身体最想做的那个姿势，就是她想成为的样子。”

舒展身体，表达自己，表达最想表达的自己，身体语言帮助你表达自己，这就是舞蹈。我们又不需要专业表达，我们只表达自己就够了。非常感谢天蝎忍受我们母女的三人乱舞……

射手是用这种方式激发麦兜麦唛对艺术本质的理解，打通麦兜麦唛艺术的联系和想象，释放因为未知形成的枷锁。

终于到人民广场了。

天蝎说：“人民广场好像晚上有喷泉。”

当射手一家刚踏上人民广场的台阶，“哗！”喷泉喷涌而出，真好像射手脚下踩到了喷泉开关。我们一家开怀大笑：“喷泉是专门欢迎我们的，是吧哈哈。”

天蝎：“完全可以这么想，又不犯法。”

天蝎找一个既不会被喷泉喷到还可以观赏的最佳角度，射手却只想坐在人民广场环形台阶一角的高台上，手里握着一束在路上刚买的莲蓬。

天蝎走过来，开始剥莲子。

7月的人民广场，音乐喷泉忽高忽低随着节奏舞蹈，环形的台阶三色不时变换。天蝎在剥莲子，射手麦兜麦唛在吃莲子，不时，射手会把手中的莲子喂给天蝎吃。射手问天蝎：“你知道炸鸡少女吗？”天蝎当然不知道。

射手开始不着调儿地唱：“炸鸡少女在人民广场吃炸鸡，射手一家在人民广场吃莲子……哦，都没有啤酒，没有啤酒，不要啤酒……”

沿着人民路一直走，我们要去的方向是步行街。天蝎就是射手的方向，过马路，进地下通道，左转右转，射手路盲完全不操心，跟着天蝎就好。天蝎会问：“去哪儿？”射手会说：“我们去……”就OK。

途中遇到卖花的老奶奶，射手已经忘记花名，鲜花和白发好像红与黑的强对比。卖花的老人，用带着香气的小美好换取生活，不能细想，也许心酸……

“麦兜麦唛，如果喜欢，就选吧。”射手说。

香香的花手环儿在麦兜麦唛的手上，少少的钱在老奶奶的手里。老人家不是乞丐，我们也不是施与者，每个人都有自己的生存方式，有自己的人格尊严。我们经过，我们只是买花的人。

“也许，老奶奶是一个幸福的人，她只是喜欢这么做……”射手想。

麦唛突然说：“妈妈，老奶奶是不是很可怜？一个人坐着卖花，她没有女儿吗？”

射手：“妈妈也不知道。不过如果红姥姥愿意这么做，妈妈会陪着她坐在街边。如果妈妈老了做一些让你们难过的事，不用担心，你们要知道，那可能是妈妈自己想做的事，每个人想的都不一样。”

射手亲亲麦唛：“我的女儿很善良，这很好。这个世界上有很多可怜的人，你看老奶奶还能穿着干净的衣服，还可以卖花，有人连这样的生活也没有。我们如果遇见，可以用我们能够做又不伤害别人的方式给予帮助。不过妈妈觉得，最重要的还是我们要自己足够努力，足够棒，才可以有更多的金钱和影响帮助更多人。你说呢？”麦唛点头：“嗯。”

我们走到步行街，走过步行街，走到外滩，坐在长椅上，面向外滩，在夜风里，黄浦江上灯火闪烁。

我们不说话，只是安静地坐着。

有时候，沉默就是最好的时光。不说话，就是最好的体验。

麦兜麦唛有自己的眼睛，她们自己会看见，会发现，会思考，会留在记忆细胞里存储起来，有一天突然闪光。

朱家角的小乌龟

我们凌晨1点多到达朱家角古镇，好友曾鸣开车，活力四射，完全不知辛苦的样子。曾鸣确认好射手一家第二天返京高铁发车时间，约定来接我们，连夜开车回家去了，留射手一家在朱家角。

此时此刻，整个古镇都在梦里。我们身处陌生环境的深夜，没有丝毫不安，反而心情大好，天蝎也深感这个决定是对的，只是，天蝎说：“就是曾鸣受累了。”

月光下，只有我们一家踏在石板上的嗒嗒声，很好听。麦唛说：“妈妈，这个古镇我喜欢，有石板路，还有河。”

射手：“夜里的朱家角应该很少人见到过。”

麦兜：“对，这一片天地好像是我们的！”

天蝎听到女儿这么有才，得意地笑了：“你连《荷塘月色》都知道？”

射手笑：“朱家角月色不知道有没有荷塘？”

麦唛：“不知道。”

麦兜：“我也不知道。”

天蝎：“明天找找。”

射手："朱家角有漕运河，也许就是我们身边的这条河。"

月光下的朱家角是安静清冷的，令我们欢喜。陌生，欢喜。我们沿着石板路向前走，跟着水声走，走在朱家角的月光下，已经走到了预定的客栈。客栈就在古镇街上，在漕运河边上，在景区内。

一夜无梦，早晨笑着醒来，醒来就笑。

白天的古镇街道，和夜晚不同。游人如织。石板路两边，昨晚紧闭的大门都敞开了，陈列出的货品都朝街中心的方向推出来，街道显得相对狭窄了很多，拥挤了很多。

天蝎："走哪儿？"天蝎是在问方向。

射手："你说呢？"

天蝎："你们做主。"好吧，小事儿大男人不做主。

射手看了看左右，问麦兜麦唛："我们走哪边？"

麦兜麦唛小手儿一指："左边，那儿有桥。"

小朋友观察力敏锐，放眼望过去，果然不远处有座桥。天蝎："那边也有桥，就是离得稍微远点儿。那就走这边吧。"

我们沿着街走过去，走到桥下看到卖乌龟的。麦兜麦唛："妈妈，我们可以去看看吗？"射手："当然可以。"

射手和麦兜麦唛看乌龟，看着看着，就变成了买乌龟。

我们站在桥上，看风景。风景也在看我们。

射手："刻意的放生不好，是害生。"

麦兜麦唛："因为，

买了会有人抓回来再卖，对吗妈妈？”

射手：“对。放生，是让大家都有一颗慈悲心，不伤害小动物，不破坏环境，也不伤害人类自己。救助放生是随缘遇见的事情，可是很多人都错了，错得很离谱。更糟糕的是，放生已经成了赚钱的方法。小动物更遭殃，在买来放生和重新抓回来继续卖的循环里，更惨。”

麦兜：“所以，我们就不买，大家都不买，坏人卖不出去，就挣不到钱，就不会再做这个伤害小动物的生意了。”

天蝎：“那你们刚才还要买？”

麦兜不好意思地悄悄笑了：“我想要一只，自己养。”

麦唛：“我也想养，我喜欢我的小乌龟。”

麦唛选了最小的那只乌龟。

当我们走下桥，迎面各种兜售很多。一个彪悍的大妈走过来兜售放生鱼，麦兜麦唛说：“我们已经买了，谢谢。”

女人往麦唛装乌龟的袋子伸头看了看，问：“是在桥对面桥根下那家买的吧？那家又贵又不好，你这只乌龟已经不行了，活不了。”

麦唛听了，惶恐地抬头看那个女人，又低头看她心爱的小乌龟。射手走过去：“谢谢，我们先走了。”

射手牵着麦唛的小手，麦唛不安地问：“我的小乌龟会死吗？”

射手：“不会，你看它好好的。不过，妈妈还是觉得，待会儿我们走的时候把它放回河里吧，这条河是小乌龟的家，它的家人可能都在这条河里呢。带回北京太远了，天气热，妈妈担心小乌龟真的受不了。”

麦唛看着她心爱的小乌龟，心情复杂，一脸难过。

据说，在我们来的前一周，上海持续暴雨，射手一家在朱家角的漕运河上游荡时，当天多地城市温度高达40℃。为了避开拥挤和暴晒，满足麦兜麦唛坐船的愿望，我们先选择游船观景的方式。游船中，敞开式船舱不会感觉闷热，河面不时有风吹来，送凉爽。坐在游船里，40℃的高温貌似相隔遥远。

麦唛情商很高，爱小动物，珍爱自己选择的每一样东西，何况是有生命的小乌龟。麦唛一心想把小乌龟带回北京，又担心小乌龟会死，这个顾虑让她心情沉重。

射手坐过去，轻轻拿过小乌龟，放在手心，仔细观察小乌龟，好像真的有点儿打蔫。射手和小乌龟说话：“小乌龟，麦唛喜欢你，想和你做朋友，你是不是觉得太晒了？还是害怕？如果我们把你放在长椅上，你会开心对吗？你在长椅上爬一爬，我们就都会放心了。”

射手：“麦唛，我们先把小乌龟放在长椅上？”麦唛充满期待地点头。

麦唛盯着小乌龟看，小乌龟善解人意地动了。麦唛兴奋地喊：“妈妈，小乌龟动了！它动了！它爬了好几步！”

射手轻轻吐了口气：“小乌龟虽然小，也有自己的生命力，会照顾自己，我猜它在想麦唛不用担心。”

天蝎：“跟你们说，别把它拿在手里，捂得它受不了，天这么热。你真对它好，赶紧把它放水里去。”

蓝色帽子的麦唛舍不得……

粉色帽子的麦兜不愿意……

晴好天气，我们沿漕运河在船上游览两岸风情。麦兜不高兴，因为天蝎不让它拿着自己的乌龟，麦唛心事重重一直在紧张小乌龟。

麦唛注视着她的小乌龟，就这样凝视，很久。麦唛在想什么？

麦唛把小乌龟托在手心里，面露喜色："妈妈，我觉得小乌龟是健康的，那个人为什么要说小乌龟快死了，她说的肯定不对。"

麦唛："妈妈，我爱我的小乌龟。刚才我看到它第一眼，就喜欢它，小乌龟最小，我也是我们家最小的小麦唛。我就是喜欢最小的。"

麦兜："我也喜欢我选的乌龟。"

射手："麦兜麦唛，当你们低头看乌龟的时候，可能没发现我们的船都快靠岸了，刚才经过的地方你们都没注意。坐在船上看天空看两岸风景，待会儿下了船，用走的，和现在不同的。如果只是需要一只小乌龟，我们可以到北京的花鸟虫鱼市场去买，不用到朱家角这么远的。"

最后，麦兜终于下了决心，在麦兜的带动下，天蝎的催促下，麦唛迟疑地也决定放生小乌龟。

射手："你们自己选择一个地方，放你们的小乌龟回家吧。告诉它们以后要小心，保护好自己，不要再被人抓住了；让小乌龟告诉它的家人朋友，都要小心。"

有位电影人说过一句话："人类就是地球上的癌。"

人类，如果有足够的善意，少一些贪念，人类自己也会生活得更好。

射手，也蹲下去，蹲在我女儿身边，蹲在难过的麦唛身边，和她一起目送小乌龟……

真是让人难过的告别，这不是放生，是舍得。麦兜麦唛，真了不起。

射手应该道歉。一时考虑不周的宠爱，带给孩子一路的小折磨。而且，关照重点和旅行目的本末倒置了，乌龟北京有，但朱家角的景致走过了就错过了。

人生亦如是，内心牵挂过重，就好像背着一个沉重的包袱，我们走得很慢，走得只看见手中心中看重的那一点点，我们和那一点点都很辛苦。

不如，放手。

当麦兜麦唛一步三回头地离开河边，走上小街，渐渐地重新快乐起来，融入到喧闹的街景中，不断会有新发现……

小乌龟，回到该回去的地方，大家各自安然。

告别小乌龟后，一个偶遇，圆了射手儿时的渴望……

校门口贩卖车上天天等着的搅搅糖，看着同学们手里握着两根小棍儿边搅边吃，好奇的小射手很想试试，但是白羊妈就两个字“太脏！”坚决断了小射手的念想……

直到在朱家角的小街上偶遇，射手终于知道了深埋在心底几十年的小愿望的名字：“原来它叫麦芽糖！”射手欢喜地指给麦兜麦唛看，好似回到了5岁小射手的模样。这么有趣的食物？好像一个玩具……

天蝎质疑：“脏不脏？！”

射手还是会问麦兜麦唛：“要不要吃？”

麦兜麦唛点头：“想吃。”

射手毫不迟疑买来，和麦兜麦唛一起学习一起吃，射手和麦兜麦唛都笨手笨脚地不能够自如操作麦芽糖，一不小心麦芽糖就要垂落到地上去，手忙脚乱，完全没有射手期待的那种边玩边吃的自如，但本身的味道这时候真的不那么重要。射手觉得很快乐！麦兜麦唛手忙脚乱中把嘴巴努力伸到麦芽糖下方，吃到垂下来落到嘴巴里的麦芽糖也很快乐。

给麦兜麦唛分享小射手和搅搅糖的故事，麦兜麦唛问：“妈妈，外婆为什么不给您买呢？”

射手：“因为外婆觉得不卫生。”

麦兜麦唛童年的小乌龟，射手童年的搅搅糖，在朱家角相遇，买或者不买，究竟有没有对错呢？射手突然没有了答案。

但射手会试着更理解孩子的渴望，试着不给孩子心里留下结，试着和麦兜麦唛一起寻找更好的方式。

深度旅行之小长山岛

上小长山岛的第一天，麦唛就发现了一只寄居蟹，我们把它装在矿泉水瓶子里。年轻的射手也曾关注过寄居蟹，但现在会有不同的心境。每个人在成长，如果说7年人体细胞全部完成一次新的转换，某种意义上，7年是每个人的一次生命。

麦兜麦唛说：“妈妈，它为什么要住在别人家？它自己的家呢？它为什么不自己盖一个家？”

射手想：“当年少的我住在外公外婆家时，算不算寄居蟹呢？麦兜麦唛，有一天你们会不会也觉得妈妈的家是暂时寄居的家？也许，人生会有这么一个阶段，那时你们渴望张开翅膀飞翔，远远地离开妈妈的家，就像妈妈当年一样。”

当我们渐渐长大，渴望离开生长的家；当我们渐渐老去，我们又怀念曾经成长的家……究竟哪里是寄居蟹的家？红尘一过客，也许我们都不过是这个世界的寄居蟹，还苛求孩子什么？为什么不和孩子好好相处，认真相伴？毕竟时间并不那么多……很快，孩子们会长大，去盖自己的房子……

帽子被美人鱼借走了

北京出发，12个小时的火车，清晨8点多到达大连市。到小长山岛须从皮口港出发。从小岛过来皮口港接我们的人是学妹的堂兄。

射手心仪的小长山岛，据说是一个尚未开发、依旧淳朴自然、保持本色的小海岛。对于射手来说“未开发”的含义就是：尚未被人类“文明”污染侵蚀，依旧干净，依旧清新，依旧自然！射手是多么向往啊……

每天只有两班船，早9点多一班大船；中午1点半一班小船，封闭式的。对我们来说，一班太早，一班太晚。我们在等1点半，开船。

麦唛：“为什么还不开船啊？”

麦兜：“因为开船的司机还没睡醒啊。”

麦兜麦唛进了船舱驾驶室。去吧，去看看，看看驾驶舱是什么样子，看看轮船是怎么开的。

麦唛：“嘘，妈妈，里面有人在睡觉。”

麦兜：“是船司机吧。”

麦唛：“是船长。”

回到船舱，麦兜麦唛脱了鞋子站在座位上朝外看：“我没看到美人鱼啊？”旁边的人都笑了。

麦兜麦唛在找美人鱼，但透过小窗看到的是这片海……

封闭式的小船，小窗，很闷，射手带着麦兜麦唛走出船舱，外面的船栏又是那么地低，让射手有些害怕，担心掉到海里去。小心翼翼地穿过船帮，来到船尾，又爬上船顶的甲板，视野开阔了哈哈，可以看海吹海风。正感舒适，麦唛的帽子被海风吹到海里去了，还是在上海世博会的纪念品。麦唛愣了一下，哇哇大哭起来。

射手哈哈大笑：“小麦唛，美人鱼喜欢你的帽子，海风告诉妈妈，美人鱼已经收到你给她的礼物啦，美人鱼说谢谢你，她很开心。妈妈旅行箱里还有顶帽子给你啊！”

一个小时40分钟后，终于踏上心仪小岛的土地。当船驶近小岛，惊讶地发现海水变得清澈湛蓝，射手和麦兜麦唛也越来越开心。自然和人的连接如此紧密，自然的磁场会随时和人的身体情绪频率互动。

学妹的堂兄海球，80后，一个两岁多小女孩儿的爸爸，麦兜麦唛的新朋友。射手会因为他的细致周到，非常感谢。

刚上接的车，双宝贝就睡着了。麦兜麦唛还是3岁的小朋友呢，一整夜的火车，下了火车转汽车，再转轮船，又上汽车，小朋友困了，需要睡觉补充精神了。再说，在车上睡觉似乎是很多小朋友的共同特征。车像摇篮吗？睡觉总好过晕车。

卸了行李，就直接来到这片海：正在准备开发的旅游点——小海口。

海球带着麦兜麦唛在前面走，射手看着身畔的绿色、头顶的蓝天、簇簇的小野花，简直是心花怒放啊！如果你也刚刚从北京那个灰色的大蒸笼出来，和射手一样……

有多久没看到这么绿色欲滴的植物、这么美丽的小野花了呢？

还有，湛蓝的天空。还有，大海！大海！大海！

我们现在身处一个四面环海的小小的海岛上，没有游客的小海岛上，无名的小海岛上，蓝得像梦一样美好！湿润新鲜的空气让射手觉得呼吸都轻松了很多。

虽然已站在小岛的海边，射手笑靥如花，但，射手尚未缓过心神……好多美丽的石头啊，似乎和过去去过的海不那么相同，究竟哪里不同？射手慢慢会明白……

小朋友天性喜欢玩水玩沙，射手看天看海心念感慨的时候，麦兜麦唛已经用实际行动开始触摸大海。麦兜麦唛撩起裙子，小心地试探着踩进海水，发现贝壳，发现漂亮的小石头……不断地发现会让小朋友逐渐放松、兴奋、开心起来……

麦兜麦唛，尽情地玩水吧，弄湿衣服？不怕！弄脏衣服？不用担心！没关系！都没关系！完全没问题！玩吧，孩子玩吧！放开城市的规矩，大自然需要最自然无拘无束的小孩儿来亲近。看着麦兜麦唛小小的身影，射手想："妈妈会教你们妈妈小时候的游戏。"

一小时后返回宾馆，接到了女主人朱东。车门打开时，射手眼睛一亮：好漂亮的女人。居然是在这个小岛上土生土长的，看起来可真不像。我们又来到另一片海，这片海和之前的海又不同，平坦，细沙很多，被当地人叫做金沙滩。

金沙滩和之前的海滩又有不同，之前的海滩很多的石头，金沙滩却是细细的沙子，完全不用担心硌脚，更不会划伤脚丫。射手招呼麦兜麦唛脱下鞋子，赤脚踩在细软的金色沙滩上，问麦兜麦唛："是不是很软很舒服？"麦兜麦唛起初还是小心翼翼地落脚，各种小担心，渐渐地，看着射手开心地踩沙："宝贝儿，妈妈小时候常常在延河边踩泥巴，踩啊踩啊，干干的泥巴就会踩出水来。你们要不

要也试试？用自己的小脚踩出一个自己的湖？”射手带着麦兜麦唛踩沙陷：“就这样踩啊踩，海水就出来啦；如果站着不动，脚丫丫也会渐渐陷下去，因为有看不见的大海就在我们脚下藏着呢……”

麦兜麦唛踩得不亦乐乎。射手看着小麦兜小麦唛，不觉开始痴想：如果可以唤来儿时站在延河边踩河泥的小射手，和麦兜麦唛一起玩……

赤脚踩沙，缓解了麦兜麦唛初到陌生海边的紧张和警惕，麦兜麦唛开始在海边跑来跑去，寻找，并不断地发现。麦兜：“妈妈，看我捡的贝壳。”

当麦兜跑来跑去高兴地捡着贝壳欢笑时，麦唛还是逗留在岸边，射手说：“小麦唛，妈妈想到海里去，现在大海这么温柔，我们一步一步走过去，海水亲亲我们的脚丫，再亲亲我们的小腿，再亲亲我们的膝盖，然后我们就不走了，等到明天穿了游泳衣带了游泳圈再来。”麦唛：“我不去，我不要去。我害怕。”射手：“和妈妈一起，不用害怕。妈妈牵着小麦唛的手。”麦唛迟疑地把小手伸过来，但是才走了几步，就哇哇大叫：“啊，好凉啊，我不要不要不要啊啊！”然后，迅速地跑回岸边。

麦兜看着麦唛惊慌的样子，自己走到射手身边，仰起小脸儿，自豪地说：“妈妈，我不害怕，我勇敢！”射手弯下身，亲亲麦兜的小脸儿：“小麦兜勇敢！来，我们去海里玩吧。”射手牵着麦兜的手走到海水没过麦兜小腿肚的位置，麦兜边走着边咯咯地笑着回头对麦唛喊：“妹妹，一点儿也不害怕，妹妹，你也来吧。我和妈妈都会保护你。”麦唛在岸上羡慕地看着，摇头：“我才不去，我害怕。”射手故意不看麦唛，和麦兜开心地玩水。不过海水真的很凉，据说今年小岛的暑期比往年推迟了半个月。

边防哨卡

海球带我们来了军哨。

麦兜麦唛并不很清楚军哨是什么。她们只知道解放军叔叔。其实，射手和麦兜麦唛一样，站在军哨时，也并不十分清楚这里对于中国边防的重要意义。射手只知道这里是小岛的最高处，可以看到海天连成一色。

然而，传说中的边防哨卡，这里就看到了。

在边防哨卡，我们认识了牛连长，之后的两天，牛连长特意安排一名小战士陪伴照顾麦兜麦唛，军民鱼水情，鱼水情。军人爱护小朋友，麦兜麦唛的到来，给单调乏味的边防军营带来了一点点色彩和童趣。麦兜麦唛非常喜欢的牛连长，不仅仅给麦兜麦唛提供了保护和照顾，更让麦兜麦唛体验了最初的荣誉感……当麦兜麦唛惊讶地看着牛连长带着大红花站在主席台上时，她们小小的心里种下了自豪、骄傲和荣誉，这就是榜样的力量，我们稍后再讲。

谁说军人粗线条？守护哨卡的这位暖男爸爸，当知道有两个小朋友来哨卡时，特意带来了和麦兜麦唛同岁的儿子，和麦兜麦唛做玩伴儿。胖小子很沉，40斤，一个顶麦兜麦唛一个半，射手差点儿没抱起来。

小雨怡情，在连队避雨。麦兜麦唛也体验下解放军叔叔的生活。

看到解放军叔叔的被子，麦兜麦唛好奇地触摸，射手：“知道这是什么吗？”

麦兜麦唛：“被子。”

射手：“这是神奇的被子，名叫豆腐块儿。解放军叔叔每个人都可以把被子叠成方方正正、有棱有角的豆腐块儿，这是很了不起的事情，妈妈就不会。”

连队大灶的晚饭麦兜麦唛吃得小肚子像个西瓜。吃饱了，连队自己养的羊牵出来，成了几个小家伙的宠物。麦兜麦唛一趟一趟，不辞辛苦，从水管接水，跑回草地：“给小羊喝水。”一趟一趟，再回去接水。

麦兜麦唛：“我想摸摸小羊。”又害怕。

“不怕，没事儿。”解放军叔叔鼓励麦兜麦唛，那边已经勒紧了羊嘴。

小羊脖子一定很疼吧……

射手：“麦兜麦唛，小羊怕你们，因为你们受苦了。妈妈教你们一个成语‘叶公好龙’。”

麦兜麦唛：“叶公好龙是什么意思，妈妈？”射手：“如果你们不再害怕小羊，让解放军叔叔放开小羊，妈妈才讲。小羊很乖，不会咬你。”

边防，听起来那么远，无意间就已走近。

在小长山岛上，能够认识军人朋友对于麦兜麦唛来说是一个意外的收获。摘录麦兜麦唛和小岛上军人朋友的点滴珍贵记忆，借此致敬！

麦唛：“我的鞋子，进沙子了……”小解放军叔叔，一次一次帮麦唛清理沙子。

海边怎么可能没有沙子？我们每晚回去不都各种带沙子吗？鞋子、衣服、口袋里都会有……然后每晚都会和沙子一起睡觉……

这个只有19岁的小解放军叔叔，自己还是个大孩子，却用超出年龄和性别的细致耐心照顾着小朋友。

小岛只有一所中学。牛连长的战士们和这所中学的老师比赛踢球，麦兜麦唛跟着玩疯了。

3个孩子蹲在马路边，聚精会神地，也不抢球了。有什么新发现?

小朋友们在看小虫子。大人们在聊天。朱东："文艺晚会哪天举行？我刚看见台子都搭起来了。"

牛连长："本来是今天，有雨，推迟了，不下雨就后天吧。"

朱东转头跟射手说："老师，我们去看晚会，岛上不常见的，您赶上了。"

……

晚会那天，牛连长来邀请麦兜麦唛了。来不及吃饭，朱东买了蛋糕带着，我们欣然前往。远远看见"小长山岛军民共建鱼水情文艺晚会"的红色横幅，才走到红色警戒线外，牛连长第一时间看到，过来牵起麦兜麦唛的手走进主会场。

生活在一线城市，工作在政治文化中心的北京的媒体行业，射手主持过经历过各种晚会，但是小长山岛的广场晚会给射手不同寻常的记忆，因为朴实的热情吧，因为浓浓的地气儿吧？射手猜想，麦兜麦唛也会有不一样的体验和感受。尤其是牛连长还给我们一个小小的"埋伏"，牛连长不仅被表彰先进，而且还是先进代表。当射手和麦兜麦唛看着牛连长走上台发言时英姿飒爽的样子，真是由衷为他高兴，射手看着麦兜麦唛因为惊讶睁得大大的眼睛，小人儿目不转睛地盯着台上的牛连长，好半天才回头给射手指点着："妈妈，那是牛叔叔！牛叔叔在台上。"麦唛自信的神情好像是她自己在台上一样："当然是牛叔叔！"

当牛连长发言后回到座位，重新抱起麦兜时，麦兜睁大眼睛看着牛连长，有点儿欣喜有点儿害羞，小麦兜的眼神儿里有小崇拜。小朋友的表情射手看在眼里，悄悄笑了，嗯，有榜样了。仔细看看，和平时那个带你们玩的牛叔叔有什么不同吗?

一位对小朋友呵护备至、小朋友喜欢的军人，作为优秀军人的珍贵部分留在了麦兜麦唛幼小的记忆里了吧，会给小朋友怎样珍贵的正面影响力呢……

小岛军民鱼水相融的广场晚会，射手被这朴实的小舞台打动！在城市深陷信任危机的时候，中国的真挚在偏远荒凉的民间……

坐在文艺晚会的现场，身边是边防军人的阵列，他们活泼严肃。射手放眼望去，有些感动，有些心酸。是军人，也一样有家人。边防的军人，是寂寞的坚守，麦兜麦唛有幸赶上他们平淡军营生活中一些点缀的亮色……

战争中军人用命在牺牲，和平时代军人用平凡小日子在牺牲。保家卫国不是简单的口号，这牺牲是军人的父母、军嫂，一个一个平常日子守望出来的。

必须，致敬！

欢乐的金沙滩

海对面是军哨。

我们坐在快艇上沿海兜风。

金沙滩，整个下午麦兜麦唛就在这里游泳，把小解放军叔叔累坏了。

麦兜很勇敢：“我会游泳，在北京的青龙湖就会游泳。”

麦唛小朋友：“我不下去，啊，海水太凉了，啊，我不去，我不去，我害怕……”

射手也不勉强。没关系，麦唛，你会想下去的……

麦唛站在岸边看了一会儿，跟射手说：“妈妈，我也想下去玩。”

射手：“好的，套上游泳圈，去吧。”

麦唛一步一步小心翼翼地走下海，可是，一个大浪打过来，麦唛哇哇大哭：“啊，我不要我不要，我害怕……”

麦唛哇哇哭着又上岸了。

射手：“很害怕，是吧？嗯，大海太大了，浪也太大了，海水太凉了，真是不好玩啊。”射手牵着麦唛的小手，把麦唛领上岸：“那我们就上岸吧。”

麦唛站在岸边，看着麦兜和小解放军叔叔玩得很开心，羡慕地看着，看着……

“妈妈，我还想下去玩。”麦唛说。

“好，麦唛真勇敢。为了奖励麦唛的勇敢，妈妈准备教麦唛一个好玩的游戏。”

射手神秘地对麦唛说。

麦唛好奇地仰起小脸儿问："什么游戏？"泪痕还在呢，恐惧没影了。

射手牵起麦唛的手："来，妈妈牵着麦唛的小手儿一起下海，我们要等一个大大的浪头来，这个游戏才好玩。"

射手和麦唛站在海水里。浪来了……快到了……到了！射手拽着麦唛的小手："双脚跳。"海浪从射手和麦唛的脚下过去了。麦唛开心地笑了。

射手："麦唛，这叫'踩浪'，玩的时候要注意不摔跤。不过，妈妈觉得小麦唛现在更适合的游戏还是游泳。游泳圈和小解放军叔叔都会保护你的，放心吧。海里游泳可比青龙湖好玩多了，看看麦兜，多开心。再说，妈妈最爱我女儿了，怎么会让麦唛处在危险中呢，是不是？去玩吧。"

麦兜麦唛终于都下海了……然后，不肯上岸了……

据说，小麦色是健康色，好吧，就这么晒太阳补钙吧。

小麦兜小麦唛，你们并不是可以一天到晚游泳的小鱼啊……

最后，射手下海去把两个贪玩的小朋友拽上了岸。麦兜麦唛不情不愿地："妈妈，我们还想玩一会儿。”射手：“沙滩游戏不想试试吗？”

射手问麦兜：“要不要用沙子暖暖啊？”麦兜：“要。”游戏开始。

麦兜说：“这个儿童床不错。”

麦唛说：“这儿放台电脑。”

金沙滩，没有不敢下海的胆小猫。贪玩的小孩儿也不会变成一天到晚游泳的鱼，因为有射手妈妈在。

2个妈妈3个娃娃

小长山岛，射手在的10多天里，大多日子都是雾蒙蒙的，空气潮湿得几乎可以拧出水来。北京的干燥闷热已经是很遥远的事情了。

小婉儿是海球的女儿，朱东是海球美丽的妻子。射手和朱东年龄差距接近10岁。小海口，有美丽的石子儿的地方，湛蓝湛蓝的海水和蓝天，3个可爱的娃娃，还有2个妈妈。

海球和海球的朱东都喜欢看麦兜麦唛唱歌、跳舞，背《三字经》《弟子规》。

朱东说：“老师，我就喜欢麦兜麦唛，可乖了。婉儿一点儿都不听话。”

射手笑：“我喜欢婉儿。为什么一定要孩子听话呢？我从来没有要求麦兜麦唛听话。”

朱东：“麦兜麦唛怎么这么听话呢？”

射手："可能是因为我从来不要求她们听话吧。每个孩子的个性都不同，但是该要求的规矩让他懂得就够了，其他的给他充分的自由。我还担心麦兜麦唛没有主见，太顺从呢。不过每个孩子都有他自己面对世界的方式，我们可以放心。"

朱东自己也还是个孩子，利索能干，爱笑，急性子一个。小婉儿活泼好动，非常有主见，体能很强，行动迅速，一转眼衣裤全部都湿透了，朱东一个看不见就不知道又犯了什么错。朱东完全不能够和射手一样安静地坐着看海。

年轻妈妈在凶小孩子了哈，射手并不方便劝阻。当一个妈妈教训她自己的孩子时，其他人最明智的就是安静地不做任何评判。每个妈妈和自己的孩子都有专属的连结，你可以在她需要时给予忠告，但是你并不是她。

小婉儿走到射手身边，射手接纳了委屈的小婉儿："来，我们一起坐在这里。这是我们的岛，我和婉儿的岛。"这个"岛国"非常有魅力，2个妈妈3个娃娃集体合影。

安宁的时间并不持久，小婉儿又挨凶了吧？哇哇大哭的小婉儿，究竟是妈妈委屈还是小孩子委屈呢？做妈妈不容易，尤其是年轻的妈妈。当我们拖着孩子的小手时，很累，“拖累”是不是缘起在这里呢？但是，我们牵着孩子的小手一起往前走时，心就很柔软，孩子的小手很柔软。没有着急赶路，扯得那么紧，走得那么快，所以会有时间体会到孩子小手的柔软。

亲子之间的互动也会形成一种模式，如果是温和沟通就可以解决的，就会形成良性的互动；如果是发脾气责备的，就会越来越需要更大的脾气和更生气的责备。小朋友，尤其是有主见的活泼型孩子往往哭过就忘记了，完全不懂得自己为什么会被责备，于是，总也不会“听话”。

美丽的朱东，有一个精力充沛超过男孩子的运动型女儿，该怎么办呢？

射手和麦兜麦唛在一起的时候，常常是这样的：射手在做自己的事情，麦兜麦唛在玩她们自己的游戏。彼此独立，彼此互动，射手会不时安静注视麦兜麦唛，麦兜麦唛不时会叫妈妈：“妈妈，看……”也会不时跑到射手身边：“妈妈，亲亲。”

孩子虽小，但，冷了她会知道，热了她也会知道，有需要她会告诉你。妈妈需要做的就是提示，或者在孩子自己表达诉求时，给予帮助或者建议。

生命个体对于危险有着来自天性的警惕，妈妈需要做的就是提前用合适的方式预警，并且做好奖惩规则，随时不落痕迹地关注。妈妈最需要具备的就是应急能力，化解危险的能力，还有常规的其他能力。

你在，我在，我们同在。

妈妈害怕了

离开小岛的前一天，射手领着麦兜麦唛，沿着一直好奇的小路走过去。走着走着发现路边一条延伸进去的田间枝丫路，雾很大，人很少。一边是庄稼地，好像玉米一样的庄稼长得比人高。射手想：“不知道这条路走过去会走到哪里呢？会有什么发现？”虽然有些胆怯，射手还是拐上了这条枝丫路。走了一小段，前不见人后不见人的，心里想着各种不好的事件，开始犹豫。

问麦兜麦唛：“你们害怕吗？我们要不要继续往前走？”

麦兜麦唛：“不害怕。我们害怕什么呢？”

射手：“坏人啊？如果有坏人怎么办？”

麦兜麦唛说：“妈妈，不害怕，没有坏人。”

射手：“好吧，那我们继续走吧。”

射手心里很胆怯，边不时地观察着前后左右，心里想着各种可能和防范，继续硬着头皮往前走，边鼓励自己：“朱东说‘这儿没坏人，白天没事儿’。”

路其实不长，走了10分钟不到吧，就走到了尽头，荒草遮盖，几乎没路了。

麦兜麦唛：“妈妈，我们是不是迷路了？”

停下来，一起观察，我们继续穿过荒草，因为毕竟还是有条细细的小路的啊，走到路的尽头看到有房屋。有房屋就很可能有狗啊，会有狗来咬我们吗？摸摸索索地走过去也没听见狗叫，但是看到了人。一位妇人，正在喂猪。

射手问：“大婶，这里有狗吗？”

大婶答：“没有。”

射手问：“这儿能走出去吗？”

大婶答：“能，前面就是大路。”

射手这才放心地走出来，麦兜麦唛看到猪兴奋极了。

又拿棍打人家猪。3岁的小朋友就是这样喜欢用小棍儿表达复杂感情吗？猪啊，又喜欢，又害怕你。

还要看猪。大婶抱起麦兜麦唛。看了一次还要再看，大婶说：“你们把奶奶给累死了。”哈哈，多好的人。小长山岛上的人，多好！

我们走到公路上，麦唛又问：“妈妈，我们是不是迷路了？”

射手说：“我们不是在探险吗？”

麦唛很快就发现：“妈妈，我们转了一个大圈回宾馆是吗？”麦唛真聪明啊。

岛上的毛咪咪长得肥大茂盛，麦兜麦唛看到就会开心地叫：“妈妈，毛咪咪！”

看着毛咪咪，想着北京路边落满灰尘的干巴巴的毛咪咪，虽然北京早已远离原生态，虽然北京那么干燥闷热，虽然北京一下大雨就被淹，虽然北京高楼林立人心浮躁……

但射手想北京了……

快走到宾馆的时候，朱东的电话来了，在宾馆门前会合。朱东说：“老师，明天就走了，我们先到后面看看海，吃完午饭，我们再去金沙滩吧？”

射手说：“好。”

射手和朱东坐在岸边的石头上看海，朱东给射手讲了很多当地的传说和真实的故事。在岛上住了十几天，射手渐渐开始担心，这种担心不是空穴来风，比如射手听到的故事，还有眼见的事情。

射手来的第一天，在那个美丽的海边，就遇到了一件不幸的事情。当时射手和麦兜麦唛陶醉在海天美景中时，也注意到远处有很多人，海里岸上，似乎在搜寻什么。原来是村里一个17岁的姑娘失踪了，有人看到她失踪前站在潮水中，涨潮水已经到她膝盖……朱东说女孩儿尸体刚打捞到……据说是正和朋友通话时，因为急流卷走了鞋，去追鞋……滑倒，被水冲走……女孩儿17岁……

初来岛上的浪漫情怀，在逐渐深入地了解现实后，变得沉重……交通的不便，医疗资源的匮乏……据说，一个人半夜突发急性阑尾炎，赶到大连市时，医生说：“如果早到3分钟……”有钱人都移居大连市了，但更多的是没钱也没办法的农民，虽然岛上只有不到3万人。

海球的爸爸在岛上算是有本事的人，但海霞遭遇车祸，因为不能及时赶到大连，耽误了最佳治疗时机，至今留下一些轻微残疾。

射手在担心什么？担心孩子太小，万一有什么事情，如何飞越这无边大海……所以，射手不能够再这么安心地待在岛上了，射手不能免俗地有点儿妈妈焦虑了。

人间没有完美，上天赐予我们这些，就会少了那些。北京虽然没有原生态的海岸，但北京集中了所有最前沿的科技文化、最有效的资源。

还好，做了妈妈，已到中年，射手还会喜欢捡贝壳捡石头，还会因为海鸥的鸣叫欢喜，还会在看到茂盛的野花、不知名的绿色植物时着迷。

朱东讲述完小岛的传说问射手："老师，你信吗？"

射手说："我信！"射手相信传说相信美人鱼相信大海能听懂我们……自然之母的所有神奇射手都相信！

我们必须有敬畏之心！如果每个人都有敬畏之心……

海风吹拂，海浪轻拍岸边，一个看海人走来和我们聊天。射手来了这么多次后院的海，还是第一次看到落潮，落潮的时候看海人要来看海——防止别人赶海。

朱东说："这儿海货很厚的，不用找，随便石头一翻就是很厚的波罗，海蛎子，虾……我姐认识这儿的看海的，和看海的人说着话，5分钟工夫，小桶就满了……"

海，大海，明天就要走了。

小长山岛上的朋友，会再见

走的头天晚上，海球的爸爸妈妈准备了告别餐，又聊到凌晨。海球一家非常忙，但还是给了我们周到细致的照顾。每天早餐送到房间来，午餐晚餐朱东变换花样安排菜单，射手和麦兜麦唛不仅仅是晒黑了，也吃胖了。

第二天一早收拾好行李，吃过早餐又带着麦兜麦唛来到后院的海边，和麦兜麦唛一起和后院的海告别。麦兜麦唛挥着小手说："再见，大海，再见！""我会想你的，大海，谢谢你陪我们玩！"

我们将乘坐来时没坐到的那班大船离开小岛。海球父亲开车，朱东和小婉儿一起送到码头，海球坚持送我们到来时接我们的皮口港，将我们交接到皮口码头开车从大连来接我们的学妹的哥哥嫂子身边。在船上，海球联系了船上的包间给我们休息。

当我们已经坐在大连宾馆房间时，海球还在返回小岛的船上……

射手和麦兜麦唛都不是真公主，射手会记得，也会提醒麦兜麦唛记得，我们曾经在小长山岛每晚带沙粒上床一起睡，但是睡得多么香甜。

从此，我们会记得地球上有一个小岛，名叫：小长山岛。

小长山岛上有我们的朋友。

“今天送走了我的好朋友麦兜麦唛，临别时在港口心里酸酸的，相处了10来天我们都很喜欢她俩。再见了好朋友，你俩要记住在小岛上还有你们的好朋友啊。祝你俩茁壮成长！身体棒棒！再见！再见！”海球在微博里这样写道。

你的大连我的小连

大连的旅行经历其实是没有任何规划和设计的，但在这个过程中因为射手的随性，反而留下了射手和麦兜麦唛珍贵的专属记忆。这种方式并不适用于每个家庭，但却是射手想提请关注的：寻找可以留下专属珍贵记忆的途径，也许就在随性之间。因为，设计感，详尽的规划，百密一疏，反而有失偶遇的美感……

同时，你会发现，步行是了解一个城市的好方式，如果有足够的时间，不妨尝试徒步行走。旅行的核心意义，就是通过体验的方式，感知、了解这个世界。穿街走巷走完一个城市的时候，很可能你对这个城市的了解，已经超过了在这个城市居住30年以上的老居民。

对于城市射手没什么兴趣，所以在小长山岛上停留多日，给大连几乎没安排时间。但学妹的一句提醒“学姐，既然去了，大连也还不错，你就随便看看吧”，想想很有道理，就留了两天时间给大连。

没有了潮起潮落的声音，没有了海鸥鸣叫。住在学妹妈妈给我们安排的市中心的宾馆里，射手和麦兜麦唛洗得干干净净的，宾馆柔软的床上没有沙子，换上清洁的衣服,也没有沙子。窗外是汽车的噪音,和所有属于城市的乱七八糟的声音。

怀念小岛上，每夜带着沙子酣睡，醒来天已亮……

麦唛问：“妈妈，这里是大连吗？”

射手：“对啊，我们在大连。”

麦唛随后又问：“那小连在哪儿呢？”

圣亚海洋世界里有趣的动物

根据宾馆服务指南上的标注，选择了3个地方准备去：一是学妹等人特别提议的“老虎滩”，一是星海湾海洋公园，再就是大连森林动物园。

出发，遇到的第一个的士师傅很逗，开到我们身边时热情地用英语打招呼，一路不停地给我们说英语。麦兜麦唛也调皮地冒出有限的几个单词，他就很惊讶：“多大啊？这么点儿孩子还懂英语？”射手还惊讶呢：“为什么您给我们说英语？”

对大连没什么地理概念，又一向懒于规划不看地图的射手，跟的士师傅说：“这 3 个地儿，您给安排好了，由远到近，或者别的方式都可以。”在旅途中人们习惯防备来自各种可能的陷阱和欺骗，比如的士司机也许会欺瞒路线绕路等。射手这样的行为似乎令人担忧。

射手和天蝎虽然辛苦工作，生活并不富裕，时时捉襟见肘，但正如中国传统的经验“穷家富路”。我们在日常生活中可以压缩规划，但是旅途中，尤其是带着两个小小孩儿的时候，金钱应该在出行时就准备好可承受程度的奢侈，比如路费必须给足。

其次，我们应该对陌生人保有一定的在智慧辨别基础上的信任。中国人讲究以心换心，射手相信大多数人都是寻常人家，正常心态，会有自私算计，但也会有基本的人情，当你给出信任和善意时，是会激发出对方的人情的。正常情况下，没有几个人会为了一点儿绕路费算计一个带着两个小小孩儿的弱女子。司机，也是别人的儿子，也可能是女儿的父亲。人心都是肉长的。

再退一步说，就算遇上了黑心司机绕路了，射手也认了，为什么？一个陌生的城市，我们用了最短的时间最方便的方式多看了一些市井风情，就算包车了，也还划算些。因为我们是在旅行，旅行的本质是行走和经过。深度行走和走马观花的经过都是旅行的一部分。

的士师傅把我们拉到了星海湾的圣亚海洋世界。了解大连的，会知道的士师傅是善意的选择，星海湾距离射手居住的宾馆不算 3 个景点中最远的，是兼顾小朋友和大女士的常规需求。

圣亚海洋世界位于星海湾公园内部，距离星海广场 500 米左右，海洋馆分为：圣亚海洋世界、极地世界、珊瑚世界、恐龙传奇、深海传奇 5 个场馆。海洋馆里不仅可以看见海洋、极地动物、各种珊瑚展示，还有一些高科技体验项目，体验深海探险、恐龙世纪等，据说动物表演是国内最好的，有海豚、海狮、

白鲸的故事性表演《海豚湾之恋》《功夫海狮》《白鲸传奇》等。

所以，这位的士师傅是值得信任的。

半天的时间几乎都是在星海湾度过的，先从海洋馆开始。门票同时附上一张表演时间表，简直是在赶点儿。不过，几个动物表演的确都很有水准，从舞美、剧情设计到故事编排，实在的口碑效果。需要提示的是，旅行中但凡有演出安排的，如果想看演出，务必在第一时间看清楚演出时间，做一个合理的时间规划。

射手不会完整记录圣亚海洋世界，会跟着孩子的亮点散步局部。对于4岁的麦兜麦唛来说，直接触摸动物，观看有故事的动物表演，是她们兴趣的焦点。

麦兜麦唛去小长山岛的第一天，上船就趴在船舱的小窗户上找美人鱼。星海湾的美人鱼表演是相当有美感有故事的。美人鱼表演结束，终于看到美人鱼时，小朋友却在关注海豚：“妈妈，我要看海豚，海豚在哪旦呢？” “妈妈，我还想看海豚表演。”

射手从不会说这样的话：“都看过了，还看！”或者：“一会儿要看这个，一会儿要看那个，你烦不烦！”

射手会说：“让我们看看表演时间……好，我们去看下一场。”我们在海洋馆和极地馆来来回回，分别看了两次《海豚湾之恋》和《功夫海狮》。

我们为什么不满足小朋友的兴趣点呢？正是这不断满足，不断变换更替的好奇，逐渐让孩子们在了解中眼界开阔。

新的一场表演就要开始，在拥挤的人潮中，我们终于有了好的位置，这次看清楚了。

麦兜麦唛津津有味地又看了一遍《海豚湾之恋》：大屏幕动画，妈妈给宝宝讲睡前故事为背景，讲述的是人鱼王子和海豚战胜海盗的故事，穿插杂技等表演，很不错的结构，也比较富有感染力的精美表演。人超多。看第二遍，对于成年人来说，美感淡化。射手会想："这种工作也挺不容易的，千篇一律地日复一日，而且还成天要在水里泡着，或者穿着湿嗒嗒的衣服坐在岸上……"

表演结束时，射手跟麦兜麦唛说："鼓掌，是喜欢和感谢。妈妈使劲儿鼓掌，因为很感谢美人鱼和海豚带给我女儿快乐。谢谢美人鱼，谢谢海豚，谢谢王子，谢谢配音员，谢谢每个工作人员。因为大家的付出，麦兜麦唛才可以看到好的节目。"

麦兜麦唛："妈妈，我想摸摸大海龟，可是我害怕它咬我。"

射手："如果手指被咬住，就糟了，因为乌龟和海龟只要咬到就不会松口。如果有办法让海龟知道我们不会伤害它，我们很友好，我们喜欢它，海龟不害怕了，可能就不会咬了。怎么办呢？使劲儿拍它的壳大声告诉它，这个主意怎么样？"

麦兜麦唛哈哈笑了，麦兜："使劲儿拍它的壳，哈哈！不好，不好。"

麦唛："我轻轻地摸，小声儿说大海龟我们做好朋友。"

射手："真聪明。妈妈告诉你们一个小秘密，如果把小手藏到海龟嘴巴找不到的地方，遇到一只脾气暴躁的海龟，它想咬也咬不到对不对？"

出了海洋馆，再进极地

馆，极地馆有两个表演。

到处都是人，看演出是在赶点儿，景观被框进玻璃，麦兜麦唛想摸摸，手伸出去都是玻璃……

等待看《功夫海狮》时，推销小吃的工作人员比在小岛赶海时见的人数总和还多。这就是城市景区。

极地馆门外，有海狮。还有专门针对想给海狮喂食的游客开发的付费喂食项目。

付费喂食，的确是一种商业行为，但射手会认为：钱真的可以买来快乐，而且喂食的事情是对动物的直接关爱。显然，商人并不这么想。麦兜麦唛年龄小夹子太大，商人高高在上站着完全不体贴。麦兜麦唛夹不到小鱼有点儿着急，好不容易夹到了又会半路掉地上。可怜的小海狮眼巴巴地看着面前的小鱼，吃不到……

终于喂到海狮嘴巴里了。

麦兜：“妈妈，看，海狮吃到我的小鱼了。”

麦唛：“妈妈，海狮也吃到我的小鱼了。妈妈，海狮还想吃小鱼，它好像很饿。”

射手：“看起来好像是个贪吃的海狮小孩儿啊，像不像麦兜麦唛小时候，还不会说话，嘴巴张大大的‘啊’，要吃的哈哈。”

麦兜麦唛：“哈哈，嘴巴张大‘啊’。要吃，妈妈，我要吃。”

射手：“喂食真不容易啊。不过麦兜麦唛小时候自己吃饭，很乖，都不会弄脏小围裙。”

射手：“我们离开这里吧，换个地方玩吧。”

麦兜麦唛：“妈妈，我还想看企鹅。”

射手：“那就去吧。”射手又带着麦兜麦唛返回极地馆。

麦唛一直给射手说：“妈妈，我想摸摸企鹅，这是我心爱的企鹅……”

麦兜问射手：“妈妈，我心爱的北极熊呢？”

在上海的海洋馆纪念物区域，不满3岁的麦兜给自己选了一只小北极熊，麦唛给自己选了一只小企鹅。站在大连极地馆，她们看到的企鹅带着曾经行走的记忆，重叠的感情。我们尝试更好地理解孩子、了解孩子，不仅仅是看到听到站在面前的孩子。

我们需要激发孩子对其他生物的热爱，这种爱是和谐地球共生的基础。孩子必将是未来地球的主动参与建构者。孩子健康、绿色、有爱的理念，会支撑长大成人时对这个地球的关照。

孩子们对海洋馆、动物园等等和生物相关场馆的热爱，大概不仅仅是好奇，还有热爱吧。这就是我们带着孩子不断地、重复地去各种各样的海洋馆、动物园的原因。

小朋友可以一起拍照吗？

麦兜麦唛从小就被人围观，被人追着合影拍照。小婴儿不会说话时，射手会代为做主，随着麦兜麦唛逐渐长大，射手每次都会对期待合影的陌生人说：“您和她们商量一下就好。”

麦兜麦唛有时同意，有时拒绝，有时同意了又不大配合。射手会对被拒绝后失望的人说：“小孩子凭心情，心情好就配合，真没有办法啊。”

射手和麦兜麦唛专门聊了一次：“别人提出合影，是一种善意，是喜欢你们，你们可以拒绝，但妈妈建议面对善意，尽量不要让别人失望；如果同意了，答应别人的事情，就很好地配合。”

有人拍照时，我们从别人身后走过；如果我们也想在那里拍照，就安静地等在一边。如果我们拍照的地方，有人在等，迅速完成拍摄，离开，避免人家久等，避免后面的人攒起长龙。

养育无小事，点滴之间，射手提示着麦兜麦唛建立公德心、利他心。

有时候，麦兜麦唛会发现不守公德的人，跟射手说：“妈妈，她（他）就不守公德。”射手：“不是每个人都懂得什么才是好的，因为他不知道，所以原谅他们吧。但是我们自己要知道，一定要这么做才对。”

毕竟，当我们对别人彰显礼貌时，是因为我们自己的教养需要这么做，和别人无关，和美好和谐的社会环境相关，和养育好孩子相关。

射手不能够因为满大街都是缺失信仰的人，就不去信仰，不能够因为别人把孩子养成狼，就不把自己的孩子养成羊，毕竟小羊也不一定都会被狼吃掉，被羊驯养的狐狸也是有的。

“己所不欲，勿施于人。己所欲，勿施于人。”我们都需要好好想一想。

麦兜麦唛喜欢这块儿大石头，要求拍照。射手刚给麦兜麦唛拍完照准备离开，迎面一群人走过来，看到双胞胎娃娃哗啦围过来，一个女人热情地要求和麦兜麦唛合影。麦兜麦唛礼貌地说：“好的。”配合地跟着这个女人重新走回标志石。这个女人不知道是有什么喜事儿，还是个性原因，太高兴了，乐极生悲，居然摔倒了。不仅自己摔倒，还连累到麦兜麦唛，把两个小人儿也从标志石的底座上拉扯下来。摔疼了的麦唛委屈地哇哇大哭起来。

射手也实在无语。

女人过来一再道歉，询问摔到哪里了，没关系吧；待麦兜麦唛停止哭后，又要求和麦兜麦唛合影，麦兜麦唛摇头："我不拍了，我不拍了。"

射手心疼摔痛的娃娃，支持麦兜麦唛的拒绝，也说："我们该走了。"牵着麦兜麦唛的小手儿走了。

这个女人摔了一跤，自己没拍成照，其他等待和麦兜麦唛合影的人也没拍成，高高兴兴的事情就这么黄了。

麦兜："那个人真笨。妹妹，你还疼吗？"

麦唛："大人还摔跤，她把我也摔了，摔疼了。"

射手："大人当然也会摔跤，这个也是可以理解的。"

自己的孩子自己看护好才对，射手给麦兜麦唛道歉："妈妈也有责任，没有照顾好自己的孩子，对不起。"

麦兜仰起小脸儿幸福地笑着说："妈妈，我们原谅你。我总原谅妈妈，我爱妈妈。"

麦唛抱住射手的胳膊亲亲："妈妈，亲亲。我爱妈妈。我已经不疼了。"

沿着海岸线行走

离开圣亚海洋世界，射手不辨东西，凭着直觉开始行走。

走到星海湾海滨浴场，走过星海广场。

出了星海广场，我们上了的士，直奔森林动物园。

票务在 3 点半停止售票，我们到达时，已经快 4 点了。大连森林动物园门口有鸽群，鸽群不时在空中盘旋，不时落到广场地上优哉游哉地走来走去。

有鸽子，麦兜麦唛很高兴。有鸽子，就有人售卖谷米，射手买来给麦兜麦唛一人一包："喂鸽子吧。一点儿一点儿喂。"

动物园门口的广场，让人很愿意多停留一会儿。当天温度 23℃左右，湿润，

舒适。北京彼时正在时而蒸笼、时而暴雨的困扰中。

射手想起人们说："大连森林动物园比北京动物园好很多。"虽然尚在门口，但射手已经有些赞同。

显然麦兜麦唛也很喜欢这里，那我们就在门口待一会儿。

森林动物园距离市区还是有一段距离的，也很不好打车，射手："麦兜麦唛，我们走吧，应该还有好玩的地儿。"

射手询问了一下市区的方向，沿着森林动物园门前的路，一路朝市区走去，想："能走多远就走多远吧，这样的路，走走就开心。"这陌生又迷人的城市，就让我们用走的方式来感知吧。

射手看到路牌上写着"海滨路"。

天蝎常常着急地让射手认地图，射手反问："为什么一定要认识地图？"

天蝎："你怎么开车啊？"

射手："我喜欢用走的。如果需要用车，满大街都是需要养家的司机啊。"

天蝎："那一个人总不能连路都找不到吧。"

射手："可是你看我也没有把自己丢了啊。"

路盲射手不需要地图，不需要攻略，不需要导航。为什么我们要那么清楚，尤其在旅途中？带着一颗好奇心，在未知中体验，得到的是射手和麦兜麦唛自己独有的体验，这难道不是最好的旅行吗？

当然，射手会记得关键时辨析清楚方向，比如现在。射手会问清楚市区的方向，然后，沿着海岸线行走，走到哪儿算哪儿。毕竟这是城市，毕竟森林动物园和市区算不上遥远，毕竟夏季的5点距离天黑还有至少两个小时。即使遇到状况，我们也可以有各种方式安全地回到宾馆。

毕竟，射手不会在陌生的荒山野岭用这种方法……

所以，让我们就这样往前走吧，沿着海岸线行走……

前面的路口在燃放礼炮，麦兜麦唛迅速跑回射手身边："妈妈，会不会打到

天空啊？”

射手笑起来：“就当是为我们燃放的，坏的都赶走，好的就来到。”小朋友，究竟是害怕打到天空，还是自己害怕呢？

这样，信步游走，沿路基本都是学院、医院、疗养院，通常情况下疗养院之类都会建在城市安静又美的角落，遗世独立地自在惬意。

射手想：“看来我们是误打误撞地走到了大连的海滨休闲路，难怪这么静这么美。”

一直走啊走，走啊走。射手的步调不紧不慢，散步式的步调，麦兜麦唛蹦蹦跳跳前前后后，会记得射手的叮嘱：“不要距离妈妈太远。”

麦兜：“如果太远，有坏人来一把塞进车里，车开跑了，妈妈也追不上，怎么办？”

射手：“对，麦兜说得对！”

麦唛：“看到路口要停下来等妈妈，一起过马路，有车怎么办？小朋友过马路要小心。”

射手：“对，麦唛说得对。”

就这样，本着安全原则，射手和麦兜麦唛按照自己的节奏各自行走，前方，通过一个街边公园，就可以看到大海了，就可以重新走上海边沙滩了，此刻，海就在右边的建筑的右边……

前方，射手感觉中的街边公园在路牌上写着一个名字：付家庄海边公园海上乐园。

我们走了多少路，感兴趣的可以在地图上丈量一下。不过，射手建议，可以带着孩子用脚亲自丈量一下，至少，对于射手和麦兜麦唛来说，是很美好的徒步行走。

麦兜麦唛始终也没有说：“妈妈，我走累了。”她们蹦蹦跳跳，时而在射手前边，时而跑回射手身边。她们一路边走边编着自己的剧情，回看我们刚刚走过的路，我们走了多长的路，麦兜麦唛就给射手说了多少长情的告白……暖心暖胃暖妈妈，也许麦兜麦唛会忘记，但射手不会忘记，在这条路上，女儿说过的那许多甜言蜜语……

麦唛：“妈妈，我很喜欢我的新帽子，美人鱼如果不把帽子还给我，也没关系，我送给美人鱼。”

射手：“美人鱼一定很喜欢麦唛的帽子，美人鱼坐在大海的礁石上戴着麦唛送给她的帽子，就会想着麦唛心里说：谢谢小麦唛我的好朋友。”

射手在海洋馆给麦兜麦唛买了好看的新帽子，海草编织的蓝帽子射手非常喜欢，麦兜麦唛也非常喜欢，射手问：“喜欢哪个帽子啊？自己选吧。”

射手的新帽子放在塑料袋里，因为炎热的太阳已经变成温柔的夕阳，不需要帽子了，麦兜麦唛还是舍不得摘下她们的蓝帽子，那么就戴着吧。

麦唛：“妈妈，我帮您拿着帽子。我想帮妈妈拿着，妈妈就不会累了。”

麦兜：“我也想帮妈妈拿着帽子。”

射手：“谢谢麦兜麦唛，那你们自己掌握时间，轮换拿吧。马兰花，马兰花，勤劳的小孩儿在说话，请你现在就开花！”

麦兜麦唛脸上笑成了一朵花。

在付家庄的海滩上，接到学妹嫂子的电话，学妹的母亲和嫂子已经等在宾馆。

帮妈妈提袋子的可爱、勤劳的小麦唛正在捡沙滩上的石头，射手：“麦兜麦唛，我们要赶回宾馆，有小朋友在等你们哦。”匆忙之间把装帽子的袋子落在了沙滩上，丢了射手的帽子。猜想：“是谁会捡走我的帽子呢？”

几个小伙子热情地问："姐，有什么需要吗？"

射手："谢谢了，我赶时间，没什么需要。"

小伙子们看到麦兜麦唛，好奇地笑："双胞胎啊？真可爱。姐，你有需要就说，给你免费！"还真免费？大连人真幽默。

射手什么都不需要，反倒丢了帽子……

回到宾馆接近 7 点，是之前约定的时间，射手没有迟到，是学妹的妈妈和嫂子提前到了，已经等了三四十分钟……带着小朋友一起空着肚子等……学妹的嫂子特意带来女儿让 3 个小朋友认识一下，比麦兜麦唛小了 14 天，临走时拍了这张照片。

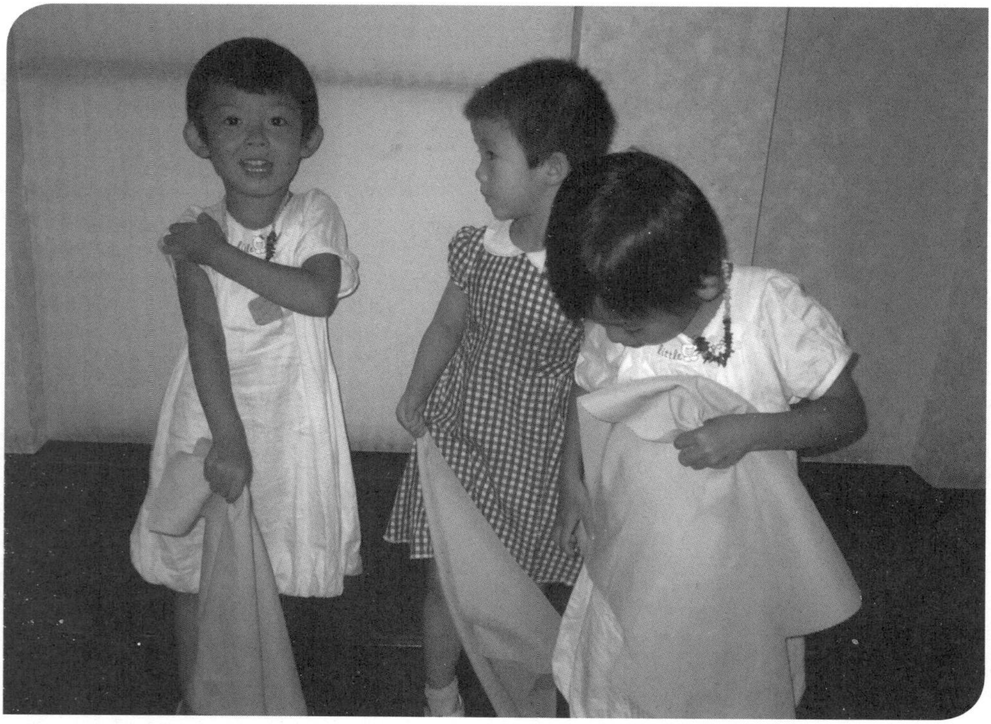

学妹的嫂子是个温柔的人，她一直好奇的是，射手怎么可以一个人带着两个小朋友到处旅行？怎么做到的？

射手笑着回答："您瞧，在这里，不是因为有你们吗？其他地方，有其他地方的支持，表面没有支持的地方，有我们 3 个的互相支持。"射手转头问麦兜麦唛："对不对？"

麦兜麦唛和同龄小朋友玩得很愉快："妈妈，您说什么？"

射手："我们相亲相爱的，互相支持，增长智慧，所以什么都不用担心。"

麦兜麦唛："对，我们爱妈妈。"

孩子的全心依赖，怎能辜负？为女虽弱，为母则强。

特立独行的射手，在成为母亲之后，带着孩子一起行走，多了两个小小的旅行伴侣。是责任，是另一种亲密无间。

"错了，错了，常常是麦兜麦唛在照顾我。"射手笑着跟人们说，"我不会再在夜里，把宾馆房间所有的灯都打开，还害怕得不敢睡觉了……"

因为麦兜麦唛，射手可以在天黑的时候，关灯安心睡觉了，原来，射手妈妈只是一个怕黑的小孩儿……

穿雨衣的快乐小孩儿

吃过早餐，一早出发去老虎滩，天空飘着濛濛细雨。

到老虎滩门口，射手就怵了，虽然雨越下越大了，但老虎滩人满为患，乌泱泱的人群使射手瞬间没有兴致。射手好清静的个性先不说，要小朋友踩在泥巴水里看各种屁股和人腿丛林，射手宁愿选择在宾馆睡大觉。

国家五 A 级景区的海洋公园不值得射手带着孩子扎人堆。

射手带着麦兜麦唛走到一个没人的墙根儿，问麦兜麦唛："我们在这里挤，还是去喂鸽子的森林动物园？"

麦兜麦唛问："这里有什么啊？"

射手："妈妈也不清楚，但是应该是一个海洋公园。"

麦兜麦唛想了想："去森林动物园。"

射手："我女儿和妈妈想的一样，森林动物园应该不会这么多人吧。"

据说，我们每个人都有一位灵魂导师，我们看不见，他随时都在，用各种方式暗示我们的决定对或者错。

比如，刚决定了改道森林动物园，就来了一辆的士车。雨天在拥挤的老虎滩门口打车绝非易事，射手带着麦兜麦唛迅速上了的士："我们运气真好。"射手跟麦兜麦唛说。

在去野生动物园的路上，雨越下越大。

司机是个年轻男孩儿，长得帅，有爱心又周到，路上一直对射手叮嘱：“这天气，一个人带俩孩子去动物园要注意安全……”

雨越下越大，到动物园门口时，已经是中雨了，司机小哥儿说：“你去买雨衣吧，孩子就在车上等着，别淋着雨。”

换作平时，射手必须带着麦兜麦唛，淋点儿雨没关系，丢了就可怕了。但看着年轻男孩儿和正规出租车公司的标志，加上射手一路过来的判断，使射手选择了信任。我们需要别人信任，也需要信任别人，智慧的信任，会使人与人之间的温暖友爱不会彻底结冰。

射手让麦兜麦唛等在车上，自己去买雨衣。雨衣有两种款，不同图案，卖雨衣的老板人也很好，借给射手伞，带麦兜麦唛到摊位前自己选择。

麦兜麦唛很有品位，选择了儿童雨衣。儿童雨衣当然比一次性雨衣耐穿实用，也好看呢，但老板说：“这个贵……”

麦兜麦唛大眼睛忽闪忽闪看着射手：“妈妈，他说这个贵。”

射手：“这个贵的呢，你们喜欢，防雨效果会更好，穿着也好看，还可以带回北京继续穿；那个便宜的呢，穿一次就丢掉了。最重要的是，我们付得起这个钱，它并不过分。如果我们钱足够，愿望并不过分，当然应该选择自己喜欢的。”

麦兜麦唛很高兴：“谢谢妈妈。”转脸跟老板说：“我要这个。”果断选择了她们喜欢的雨衣。老板人很好地配合她们选择了喜欢的图案和颜色。麦兜麦唛穿上雨衣咯咯地笑，射手说：“别张着大嘴笑了，风刮进肚子里，肚子会疼。”麦兜麦唛用小手儿捂住嘴巴，还是咯咯地笑啊笑，在雨地里走来走去。

司机小哥儿人真好，一直等在那里：“你去问一下，下雨天卖票不。如果不卖票，还坐我的车走，这儿现在不好打车。”直到我们买好雨衣确认进园，他才离开。

森林动物园票务人员也很周到，售票前先细心提示：“这个天气可能没有表演，而且很多动物也不会放出来，都看不到，是否买票请您仔细考虑……”有些人正在犹豫中。射手不用考量，笃定地买票进入。进门前，让麦兜麦唛在入园的身高表前量了量身高，还不到 1.1 米呢，这个表是不是有些不准呢？

麦兜麦唛刚入园就有新发现，高兴地跑去蘑菇伞下："小蘑菇，给我们当伞好吧？"

猜猜麦兜在说什么？麦兜说的是："妈妈，我要撒尿！"饮食娃娃，吃饭、坐车、游览……随时随地可能内急。提前规避法是必需的，出发、到达时，活动开始、参观进馆前，遇到公厕等，射手会记得在这些时间提醒麦兜麦唛："去尿尿吧。"

麦兜麦唛大多时间会说："妈妈，我不撒尿。"

射手认真、坚决地："必须去。"

贪玩的小孩儿不得已进入卫生间后，常常会把不撒尿变成尿黄河尿长江……即使只蹲一点点，也给旅途赚了一点点不内急的时间。

射手偶尔也会给麦兜麦唛使用纸尿裤，很少。别说小朋友了，特殊情况，成年人也可以试试纸尿裤。射手听妇产科的小护士们说，有很多人经期都不是用卫生巾，是穿成人纸尿裤的。

射手个人认为，对老弱病残孕特殊人群要有特殊关怀，偶尔需要超出公德范畴。紧急特殊的情况下，是把孩子憋坏，让孩子拉裤子尿裤子，还是就地解决？站在人性关怀的角度，射手主张关注人的健康，建立在社会秩序之上的公德暂且退后。这才是真正的文明。文明是为人更好地生存发展服务的，如果以文明和公德之名伤害人是本末倒置！当然，根据当时情况做最好的善后处理也是必要的，比如把孩子撒的尿、拉的屎清理干净。

无视弱小，拿所谓的文明断章取义地指责偶发行为，也是不道德的。（写这些，源于想起某年因为游客幼儿内急路边撒尿引发的网上持续的各种声讨和骂战。）

什么才是真正的文明和公德？是体谅他人、帮人分忧解难的理解宽容之心，是在他人真的做错事情之后的规范和引导。所有的指责、谩骂、攻击，本身都是不文明不道德。

运气不错，出馆的时候雨小了。

哈哈，真开心啊！终于见到了第一批可以亲密接触的动物。是羊吧？

给它们点儿吃的吧。

麦兜麦唛：“妈妈，它不吃我们给的食物。”

射手接过麦兜麦唛手中的食物递给羊：“真抱歉，没有带你喜欢的食物来，这个也许你不喜欢吃，尝试一下吧。”羊就吃了射手手中的膨化食品。射手又取一个出来递给羊，羊就又吃了，真是善解人意啊。麦兜麦唛之前给吃的时候，羊总是闻闻就转头了。

有个小姐姐对麦兜麦唛说："它吃草。"小姐姐给了麦兜麦唛一点儿草，射手发现其实路边就有很多草，建议麦兜麦唛去拔草。麦兜麦唛拔了草来给羊喂。

麦兜麦唛没喂一会儿就开始给羊提要求："小羊，让我摸摸你可以吗？小羊，让我骑骑你可以吗？……"

进入放养区，因为售票员的提示，以为没有机会和放养动物亲密接触了，意外惊喜。

刚走进放养区，看到羊走过来，一只两只，多起来。羊群过来了，就在身边，麦兜麦唛兴奋地叫起来："妈妈，羊！"正想过去摸摸羊，听到饲养员喊起号子驱赶，羊群开始奔跑，高大快捷，几乎要冲撞到孩子，射手赶紧护住麦兜麦唛。

这条幽静的路走过来，绿色植物风雨中招摇，湿润舒适。射手真想一直走下去。

射手想："在这里，即使就这样走走。也是一件多美好的事情啊。"

路边斑马圈有个亭子，麦兜麦唛想上去看看。于是母女三人一起上去了。

站在亭子上放眼看过去，真是美极了。但是看看亭子里，真是令人发指。

什么是公德？举手投足之间。不随地吐痰，不随处扔垃圾，不满世界刻名字证明到此一游，这是基本旅行公德。不要因为别人不认识你，就把垃圾留下。

好的行为习惯，基本公德意识，需要给小朋友耳提面命地建立并巩固。射手和麦兜麦唛有时会捡垃圾，不忍心美的环境被伤害。这些随意丢弃的垃圾都是美好环境的伤疤。

站在亭子上，眺望，可以看到悠闲的斑马群。如果忽略亭子里一地狼藉，雨中景致赏心悦目。也许是因为下雨，也许是因为森林动物园大，才显得清静。

又走了一段路，又遇到了一群羊。这里的羊没有人驱赶了，三三两两地自由活动着。

偶然看见地上有因下雨而折断的枝条，射手捡起来给麦兜麦唛喂羊。

见有幼年的羊，麦兜麦唛追逐起来：“妈妈，我要喂小羊，我要喂小小的羊。”小朋友喜欢小动物。小孩子和小动物是一国的。

麦兜：“妈妈，你看小羊吃了哈哈。”

两个小家伙兴趣转移了，玩树枝儿，打水……玩得不亦乐乎不肯走路。

看到骆驼，麦兜麦唛又兴奋了。射手：“看到了吧，如果就停在那儿不走，怎么会看到更多的动物呢？往前走，就会看到更多好玩有趣的。”

麦兜麦唛开始嫌骆驼不吃她们的树枝，后来变成了和骆驼较劲儿：“别把我的树枝儿抢走……”

经过的婴儿推车里坐的小女孩儿，和麦兜麦唛差不多大，小女孩儿的家人说：“看看小妹妹，自己走，还背着包，自己的事情自己做，你看看你。下来走走吧……”射手看着被四五个大人围着呵护着的小女孩儿，他们走远了，射手拿起相机拍了下来。

小麦兜小麦唛用自己的小脚丫走了比同龄人多很多的路，射手妈妈是不是太“狠”了？即使，天蝎爸爸在这里，即使我们自驾，即使在北京的公园里，路，还是麦兜麦唛你们自己走吧！这和爱无关，这和爱有关。爱的方式，有时需要藏起怀抱和舒适。

麦兜麦唛也就这样走了又走，越来越快乐，已经不再喊累。麦兜麦唛的注意力在动物、在捡到的树枝、在鞋子踩在雨水里……她们走得很快乐，总是会有发现。每当她们想停下来，射手会说：“也许前面会有你想看见的……”她们就充满期待地继续往前跑，不停地遇见。

射手有时会问自己：“我是不是对我的孩子要求太高了呢？”时光经过，回顾时，射手愈加发现，原来那时的麦兜麦唛那么小，那么小啊！怎么忍心？

“可是，如果重新来一遍？”射手问自己，也答自己，“还是会不把麦兜麦唛当小孩子看……”这是射手的答案。

我们是多重关系，也应该是多重关系，时而母女，时而师生，时而闺蜜……射手妈妈和麦兜麦唛相处的姿态，时而蹲下，时而拥抱，更多的时候，我们牵着手一起往前走……

因为，小孩子是向上生长的生命力，做妈妈的需要给足土壤和发展空间，而不是做一个小小的温暖的窝蜷在里面，貌似安全。妈妈狠一点儿，孩子就强大一点儿！

所以，射手走多远，麦兜麦唛就走多远……

潭柘寺，下山时，射手会主动去背1岁多的麦兜麦唛；玉龙雪山，快到峰顶时，射手会主动去背5岁的麦兜；写这些文字的某个夜晚，9岁的麦兜麦唛走到射手身边说："妈妈，晚安，妈妈亲亲。"射手会离开电脑，说："来，妈妈背背，背背我的娃娃。"射手一个一个，背着麦兜麦唛回到儿童房，给麦兜麦唛说晚安。

射手不缺少柔情和宠爱，但是只在该宠爱的时候宠爱，并让麦兜麦唛真切地感知。宠爱的时候，严厉的时候，都是射手妈妈的爱。

"狠心"的射手，眼见着，麦兜麦唛的腿越来越结实，人越来越勇敢。

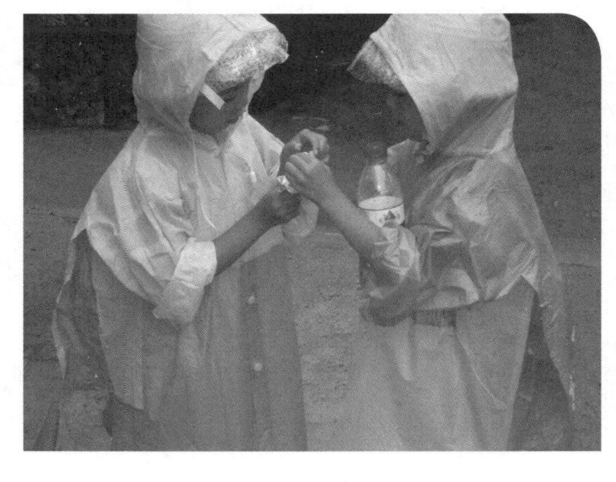

麦兜和麦唛闹别扭了。麦唛委屈地对射手说："妈妈，麦兜把M豆一个人都吃完了，不给我吃。"之前射手取了一包M豆跟麦兜说："麦兜，和妹妹一起吃。"可是麦兜舍不得给麦唛，给鹅和鸭子吃都不给追着要的麦唛吃。

麦兜为什么？麦兜对麦唛的小霸道不是一天两天了。射手没说什么。

射手从包里取出一包糖果递给麦唛："给，这包糖果全部都是你的。"

麦唛："妈妈，给不给麦兜吃呢？"

射手："你的糖果你自己决定。"

麦兜一路心思都在麦唛手中的糖果上，用尽各种方法让麦唛给她吃。事实上麦唛在最初就给了麦兜一颗，麦兜吃完还一直在要求。

麦兜一直追在麦唛身边，不再自顾自地走路，一路都在各种说服麦唛。麦兜智商很高，但情商还需要继续学习；麦兜需要学习怎样爱妹妹，爱家人，学习分享。

麦唛自己都舍不得吃，慢慢地在品味。麦兜却吃得很快，麦唛给麦兜：“给你麦兜，我和你分享。”麦兜迫不及待地伸手去抢：“妹妹我来。”

吃到糖，麦兜高兴了，麦兜的坚持也是挺让人赞的。这一路过来至少有20分钟的坚持。

进入猛兽区了，人很少，我们前后都看不到人，有些害怕。虽然之前询问过，猛兽都好好地被关在猛兽各自的区域里，游客都在安全的高处，但是还是有些小紧张。如果遇到危险，我该怎么保护自己的孩子？

狼！

人们没说错，大连森林动物园果然比北京动物园美，动物们都更精神。走到狼区，射手感触更深。射手记得某年因为阅读了《狼图腾》，专门跑去北京动物园看狼，看到一只只灰头土脸的狼，臭烘烘的狼圈，无情地击碎了射手对狼的憧憬。狼情结一直都在的射手，仔细观察狼区的狼——这里的狼毛色光泽，眼神炯炯，桀骜不驯！

老虎！

在虎区，射手亲自喂了老虎几块肉，兽中之王果然不同凡响，叼肉时从容，接肉时也气宇轩昂，叼着肉走开时淡定。射手说：“抱歉，我现在没多少钱，等我有钱了，一定喂饱你们！”

射手：“这就是兽中之王。你们看，它像小鸡那样哄抢食物了吗？它像狼那样狼吞虎咽地吃东西了吗？”

麦唛：“妈妈，老虎不抢。”

麦兜麦唛，仔细地看，看到你们自己也淡定从容，威严自信，这就是王者风范。

下山时，到达灵长馆。麦唛说：“妈妈，那只猩猩一直盯着我手里的糖，它一定很想吃，可我怎么给它喂啊？它多可怜啊，我特别想给它吃……”

恰好赶上动物们吃饭的时间，饲养员——一个年轻帅哥——拿个装满食物的小桶走过来，把食物倒在窗台上，猩猩开抢。看着大猩猩吃梨，麦兜麦唛记住了：猩猩是吃完饭才吃水果的。

不觉间已经上山下山，雨天闲庭信步爬了一座山，沿路有很多野生动物作伴。

即将出馆了，小人儿敏感地发现要出去了，在这儿摆起了 pose，并热情地更换 pose，不肯走了。贪玩的小朋友，射手妈妈看懂了……

但射手不说，我不说哈，就再容你们多逗留一会儿吧。

终于，必须走了，因为火车开车的时间是确定的。

再见了，大连森林动物园。

3 点起床的天蝎等在 6 点的站台

当晚的火车回北京，出了森林动物园已经 3 点多了，很幸运地即时遇到一辆的士车，的士司机正是换班时间又恰好是我们的方向，开得飞快。他赶时间，射手也赶时间，刚好。因为着急，他跟孩子说话有些不耐烦。射手察觉了小人儿的诧异。

射手："这两天在大连遇到的的士司机都非常好……"司机师傅因为射手委婉的批评，开始检讨自己，给射手解释道歉……

晚上开往火车站的的士上，司机问："哪儿来的啊？"

射手："北京。"

司机："来大连看海啊？"

射手："是。"

司机："你们北京城现在不就是海吗？汽车都是漂的，不用开，还用到大连来看海。"

2010 年左右北京夏季暴雨造成的交通困扰是北京城百姓生活历史的难忘部分。好吧，大连的司机师傅们，射手必须记住你们，很好，很贫[1]，有空儿来北京和嘴巴闻名天下的北京的士司机 PK 一下。

第二天早上 7 点，晚点火车驶进北京站。3 点半起床的天蝎，6 点已经等在站台上。

回家啦，细微之处，爱意无声。

---

[1] 贫：北京方言，指说话方式幽默、调侃。

全新的绿植、欢快的小鱼、新换的均匀舒适的小花洒……全部是新换的，离家两周射手的小盆植物已经寂寞枯萎，次卫主卫新鲜欲滴的新植物朋友，活泼泼的孔雀鱼，洗澡时发现新换的舒适均匀的小花洒，洗完澡餐桌上热气腾腾的爽口白粥……

滴滴点点，点点滴滴的情义尽在无声中……

我们回家啦，清洁有爱温暖的家，天蝎用实际行动欢迎老婆大人和女儿回家。

回家啦，回家真好，麦兜麦唛说："我们都想我们家了，我们家多好啊，我最爱我们家了！"射手和天蝎相视会心而笑：孩子，爱家说明我们的家温暖有爱，谢谢你们的肯定。

每一次的出发内心笃定，因为知道有个温暖的家在守候。每一次归来总是欢喜，因为曾经走得更远。

站在家的原点上，因为行走，我们发现更好的自己，找到更纯粹的自己，也更懂得爱家人，爱生活，爱日常，也爱远方。每一天的太阳都是新鲜的。

这，也许就是天蝎射手能够给孩子提供的最好的生长土壤和生长方式。

七月的三亚会变魔术

儿童节快乐！

麦兜麦唛5岁的六一儿童节是在三亚过的。想要整天带着麦兜麦唛玩乐，果然玩了一整天，但是乐不乐呢？要问麦兜麦唛了。

出门时，孝顺的乖女儿抬着垃圾出去扔。舍得让孩子干活儿，根据孩子的年龄给她们相应的劳动体验，是应该的功课。不舍得让孩子现在吃小苦，孩子未来就会吃大苦，道理很简单，父母也不能陪伴孩子一辈子，教会孩子生活的能力，是为她们独自在外学习生活时可以自己很好地照顾自己打基础。

大东海的六一

我们去哪里呢？大东海。

射手和麦兜麦唛恨不能只穿吊带超短裙，瞧瞧人家当地小姑娘长袖长裤穿得那个淡定。射手会明白的，这样穿才更明智些，藏起你的皮肤，那些暴露在阳光下的皮肤都会受到紫外线的伤害，尤其是小朋友娇嫩的皮肤，粗心的射手显然忽视了这一点。三亚的阳光和沙滩，传说中的只有美好，真实还有晒伤后，第二年才能恢复的皮肤；蚊虫叮咬后，第二年才能消除的疤痕……

在一个陌生的城市里，每多走出的路，

都会有不一样的体验，这是好奇心带来的新鲜视角促成的欢喜。

麦兜麦唛：“妈妈，妈妈，看，椰子，那是椰子！”果然是。对于北方人来说，看到生长在树上的椰子是挺开心的。

继续朝前走，未知的探秘行程，从容宽松的时间，不带任何功利的目的，是射手喜欢的深度游。

我们寻找的公车站到了。

啦啦啦，三亚的公车大都是小巴士，舒适的空调小巴载着我们到达大东海。

下车看到一排商店，各个门口都摆着大堆的椰子。射手喜欢喝椰子，来之前就打定主意到三亚要美美地喝椰子，天天喝，虽然人们会说“椰子寒凉，女孩子少喝”。

射手正在犹豫要不要先去喝个椰子再去海边，看到一商店门前的女人跟我们招手。射手迟疑地回身看看确定是在跟我们招手，便走过去。女人热情地问：“是双胞胎吧？好可爱啊！”

“那就买3个椰子吧。”射手说。

椰子打开，好多的汁水，北京的椰子真不能比，北京3个椰子不够3个人喝，这里两个椰子3个人喝不完。麦兜麦唛还高高兴兴地吃了一个椰蓉。

射手：“好多汁啊！”

老板娘：“这是嫩椰子，新鲜，汁就多。”

到大东海了，还是三亚的海美得赏心悦目。

射手选择坐在沙地上，射手和麦兜麦唛的3双鞋子整整齐齐摆在沙滩上。射手看着鞋子和海边的麦兜麦唛，随便一个角度都是美景，真美啊，真美啊！

麦兜试探地走进海水，一直镇定朝前慢慢走。麦兜：“妈妈，我不害怕，我喜欢海水，小宝宝就喜欢玩水。”

麦唛欢喜地也走下海，边走边回撤边大呼小叫：“啊呀，妈妈，妈妈，快来拉着我！妈妈，好害怕啊，我不敢啦，啊……”

麦唛，小长山岛金沙滩的小麦唛又回来了……每次下海都要害怕吗？

麦兜：“妈妈，海水真的是咸的，我刚尝了尝。不过我破的地方不疼，一点儿也不疼。”

射手：“不疼啊，那就太好了。如果麦兜疼，妈妈也会心疼。”

射手曾告诉麦兜麦唛："海水是咸的，好像盐水，如果摔破了，海水会让伤口疼，所以要小心照顾好自己不跌跤。如果摔得厉害，就不能下水了，要是伤口感染了，就更麻烦了。"

"啊，大浪来啦！快跑啊！"麦兜麦唛看到浪来就欢叫着逃跑。

射手："麦唛，还记得妈妈教给你的踩浪吗？现在妈妈教你们跳浪。"

浪来了，我们预备——跳！哈，浪从脚下滚走了。浪又来了，预备——我们再跳！麦兜麦唛跳得很开心。

射手："我们上岸玩会儿吧，这里沙子很清洁哦。"

麦唛同学手里拿的是什么？麦唛正朝射手走来，麦唛快乐地说："妈妈，看我给你做了一坨大便……"

麦唛刚把她的大便清理完，麦兜又乐呵呵地拿着新鲜出炉的大便奔来了……

麦唛新做的一坨大便被优美地摔在沙地上。

麦兜麦唛不辞辛苦地轮番捧着新的大便来到射手跟前，摔到地上："嘭！"

射手："谢谢你们的大便。"

还把大便撒到射手脚上，射手："谢谢你的……"难道大东海的沙子是做大便的最佳原料？

小人儿已经一头一脸一身的沙子，射手："去去，去洗洗沙子吧。把自己洗得干干净净的。”

再次下海，麦兜麦唛胆子大多了。射手：“我们可以再往前走一点儿，妈妈在，海水不淹没屁股就没问题。”走到了更深的海里，麦兜麦唛更开心了。

射手被美景诱惑，想上岸给麦兜麦唛拍两张照片，麦兜麦唛全部跟上来。射手：“你们可以自己在这里玩，不再到深的地方去就没关系。妈妈会看着你们。”

麦唛在喊：“妈妈，妈妈，快来啊，你都不管我了，我要是被海水冲走了，多危险啊，你难道不担心吗？”

射手笑了：“麦兜麦唛很懂得保护自己嘛，不错不错。”

“凡事预则立”。麦兜尝试海水，麦唛紧张安全，射手提前做的功课非常有效。射手必须奖励啊。射手走到麦兜麦唛身边：“那么，我们去选游泳圈吧。”

麦兜麦唛：“谢谢妈妈！”

到大东海是来探路的，没有带泳衣，随遇而安，只要麦兜麦唛开心就好啊。

麦兜：“妈妈，我想要这个鸭子的，我还没有试过这种游泳圈呢。”

麦唛："我要这个天鹅的，妈妈可以吗？"

射手："可是这种游泳圈其实很不安全，你们确定要吗？"

麦兜麦唛很想要，对于小朋友动物造型实在是比圆圈有吸引力多了。射手："那就去选一个吧。"

实践很快会教给麦兜麦唛经验教训。麦兜："妈妈，这个鸭子太硬了，把我割破了。我真后悔选它。"

射手："那怎么办呢？妈妈有劝你买一个圆的。不过偶尔都会有选择失误的时候，没关系。"

看着不晒，看起来很美，让人留恋，但是如果继续待下去，也许会晒伤。射手："我们走吧，下次穿着游泳衣再来玩。去把裙裙在海里冲冲，把沙子冲掉。"

5岁的麦兜麦唛，已经开始自己洗小面包裤、小玩具，自己洗澡了。这么小的小裙子，自己在海水里冲干净没有问题的，自己的事情自己做，懒妈妈教出勤劳孩子。

对于麦兜麦唛来说，这是洗衣服游戏："洗，洗，我洗洗洗，我洗洗洗，搓一搓，我洗一洗。"麦唛唱着自己的歌，洗得像模像样。

坐在沙滩上穿裙子，刚洗好的裙子又沾满了沙子。哈哈，小笨蛋啊小笨蛋，去站在海水里再冲冲吧。

下雨了，雨说来就来，这就是三亚。麦唛："妈妈，北京现在下雨了吗？"

夕阳下的亚龙湾

6月的三亚是闷热多雨的，射手和麦兜麦唛早晚出门，中间最热的时候在屋里避暑。

5点多的时候出门到公车站，来的第一辆小巴是25路，车前窗赫然标注：亚龙湾。射手捏着一元钱上了车，司机告诉射手："去亚龙湾需要5元钱。"5元钱给射手的概念是："亚龙湾可能比较远。"

售票员问射手在亚龙湾哪里下？射手："到有海边的美丽的地方就好，请你告诉我，谢谢。"于是我们一口气坐到了终点站，叫醒呼呼大睡的麦兜麦唛。小朋友坐很久的车程，不睡觉才是奇怪的事情呢。坐车有时看风景，有时用来睡觉储备精神。

下车时看到前方是军事禁区，射手很高兴："我们是来到了最远的地儿吧。"

返身看，两条路。左边是来时路，右边去往哪里？

射手选择了走来时路，已经7点左右了。改天再来揭秘另一条路好了。

路在我们前方展开。

在这条路上我们没走几步就离开公路走上了海岸线。

路两边都是酒店，各种酒店，五星的、四星的酒店，从各个角度看都美得舒展。这里是三亚曾盛极一时的亚龙湾，和射手居住的市区是不同的。三亚就是这样一个奇怪的地方，美丽的地方极致魅力，破烂不堪的地方惨不忍睹。

在车上就看到草地很美，草地不远处的海很蓝，当然要在草地上走走，去感受眼见的美丽的大海……

穿过酒店幽静的美丽的花园。射手从来就不是一个循规蹈矩的人，何况正是淡季，一个女人和两个孩子也不会带来什么纷扰吧……借光了哦。

很快就走到了海边。麦兜麦唛迅速兴奋起来。

射手帮麦兜麦唛把裙子挽起，3个人都脱了鞋子。麦兜麦唛像在大东海一样要把鞋子放在岸边，射手说："我们要往前走，一直朝前走，不再回来这里，所以鞋子要提在手里。"

3个人手里提着鞋子，沿着海岸线，踩着柔软的沙子和起落的海水，愉快地朝前走。

一路走来，不断遇见夫妻情侣。射手看到一家三口，儿子自己跑来跑去地玩水，丈夫肩背手拿地负担一大堆东西，正在问身边的妻子："你说吧还要怎么样？还要什么你才满意？"妻子看到我们走来，发现射手在看他们，不说话笑起来。

一对50多岁的夫妻，他们迎面走过来，丈夫温柔地示意妻子："双胞胎啊。"妻子穿着泳衣，走样的身体，但面部线条柔和，气质平和亲切。

一对异国情侣走过我们身边，女人身穿素色吊带裙，和男人并肩而去悠然亲切……

射手突然发现：很想念天蝎！

射手的天蝎，欠射手一个蜜月一个假期一个属于我们的甜蜜旅行……然而，射手能责备他吗？

射手可以想挣钱就挣钱，不想挣钱就旅行，天蝎有一份不自由的辛苦工作，为我们做后盾……

天渐渐暗下来，在涨潮了……

麦兜各种踢各种踩各种拍，各种跑跳，玩水让麦兜很开心，笑个不停。

麦唛比较谨慎，不停问射手："妈妈，天都黑了，我们是不是该回家了？天黑了，海水涨上来了是吗？多危险啊……"

射手："那我们自己照顾好自己，避免危险吧。"

射手不确定继续往前会走到哪里，是否有上去的路，但射手还是继续往前走，大不了再回头，但估计不会是这个糟糕的结果。沿路那么多的酒店，应该是每个酒店都有可以从海边通往大街的路，而且，前方不是总有人吗？

夜渐渐来了，人似乎也渐渐地多了。

三亚好像地球上很多地方一样，即使在最热的季节，也有它宜人的时间段……

一路欣赏各种沙滩涂鸦。射手："我们也画一个。"

麦兜麦唛："妈妈，我们画什么？"

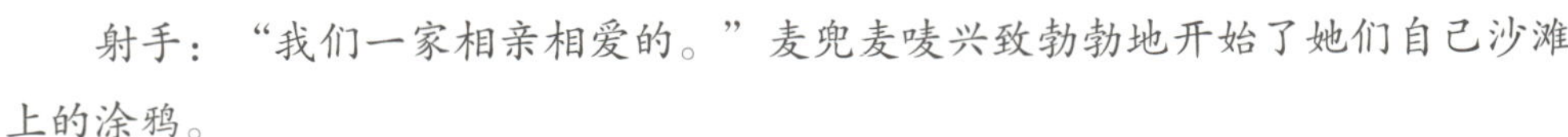

射手：“我们一家相亲相爱的。”麦兜麦唛兴致勃勃地开始了她们自己沙滩上的涂鸦。

月亮很美，沿着海岸线一路过来，射手不时回身拍月亮，不同时间的月亮。手机拍太弱了，现实情境请无限设想……

天渐渐黑透了，远处是闪闪烁烁辉煌的灯火，灯火让射手认定我们是安全的。

某天晚上送我们回家的大叔不是说了吗："亚龙湾酒店多，有巡逻，很安全。"

我们一路在找吃饭的地儿，在找出口。

终于找到一个中餐厅，环境优雅，服务体贴、周到、礼貌，训练有素。

是点餐式自助，先上来的是一份老列汤。因为菜品很多射手只点了两份汤，3 人分食。麦兜麦唛饿了，三口两口就喝完了，赞不绝口："妈妈，真好喝，这儿的东西一定好吃，这儿不错，以后我们就到这儿吃饭吧。"

本着节俭精神，菜量都不会太大份，这样很好，射手喜欢，可以吃多样不浪费。

已经吃空的盘子，不同的服务员几次要来收，射手都微笑制止："不用收，我要拍照，要看看我们的战斗力。"服务员礼貌有分寸地微笑。射手无视旁边吃得文雅的人们的侧目，开怀大吃，还要继续……

最好吃的饭是什么？当然是饿饭。

麦兜麦唛吃饱了，惯例地又去找服务员姐姐玩。很多人质疑射手不让麦兜麦唛上幼儿园，带着麦兜麦唛到处跑，其中一个理由就是："孩子以后怎么和别人交往啊？"

没错，培养和建立孩子最初的社交能力的确是幼儿园的一个基本功能，但是谁说了只有幼儿园才具备这个功能？谁又说了幼儿园才是最佳的建立社交功能的场所？

射手带着麦兜麦唛，在旅途中会遇到各种各样的人，在和这些陌生人的交往互动中，她们的社交能力在逐渐建立并强大。她们在未来会很容易和任何人友好沟通、和睦相处，而不仅仅是同龄群体、同阶层群体。

服务员问射手："可以带她们去孩子的游乐区玩吗？"

射手问："安全吗？"

得到肯定答复。

射手点头同意。

麦兜麦唛的专场游乐区，麦兜麦唛在这里盖印章、画图画、看动画片，玩得不亦乐乎。

而射手，终于吃饱了。

吃美了哈哈，数数：15个盘子！

又上了一个果盘，慢慢享用。开始和天蝎手机QQ，天蝎很婆婆妈妈："这么晚了，还不回？"

射手："问过了，酒店门口有的士等着，很好打车。"

吃完饭，在门口看到一辆的士，麦兜麦唛赶紧招手。

亚龙湾和射手居住的小区相距23公里，60元车费我们回了家。看来以后要早点儿来享受海滩、阳光、凉棚、自助餐，在小巴停运之前回家。可是射手似乎很难做到呢。

犯法的猴子

已经定好了离开的票，最后两天，射手握着的士司机塞给的名片，上面写着去过没去过的地方……

是下午两点多上的的士。

射手："南湾猴岛。"

司机惊讶地问："你们为什么不早点儿去？"

当车开啊开，开啊开，开过了亚龙湾，开到了坑坑洼洼的路上，开啊开……射手终于懂了司机的话："果然很远，果然很荒凉，也许真的需要好运气才能打到返程的的士。"于是射手主动和司机说："你等我们吧，你说的 280，返程回去。"

原来南湾猴岛是最远的，距离三亚市区有 70 多公里。南湾猴岛上有大约两千只猴子，据说只有一群猴子被驯化了，只有这群被驯化的"贵族猴"被允许下山来。而"浪漫"的射手，在野生动物园逛多了吧，还想象自己行走间漫山遍野都是近距离接触的猴子……于是，心里多少有些不安。猴子可是灵长类动物，上蹿下跳的，也有攻击性，别说带着麦兜麦唛了，就连射手自己也发怵。小时候就听说过峨眉山上流氓猴的事儿，一路上询问司机，买了索道票到索道门口时，恰好是一个旅游团在排队等候，于是就跟着这个团一起上山下山安全往返，少了深度游自由行的乐趣，但至少有了安全感，看看，射手也有胆小的时候。

走下索道看到的第一个有猴儿的地儿。

射手跟麦兜麦唛说："还记得狼和狗的故事吗？狼和狗说什么来着：无自由，毋宁死。"看看这些小猴子，多可怜，被锁着。

走在路上，看到一只母猴肚皮下倒挂着一只可爱的小猴儿。麦唛："妈妈，猴妈妈生几个孩子啊？"

麦兜麦唛在看树上的猴子，旅游团的导游姐姐来找麦兜麦唛合影。合完影，导游姐姐主动说："你们就和我们一起吧，我们有讲解。"其实不是一直都跟着她的团的吗？嘿嘿，好啦，现在也算是正规军了。

人们在和猴子合影，按人头算，一个人 10 元钱。

麦兜麦唛说："妈妈，我们也想和猴子拍张照。"

射手："好啊，去吧。"可麦兜麦唛又害怕。射手："或者拍，或者走，不要后悔。"

人们都让射手和孩子一起拍。射手不喜欢猴子爬自己头上！不喜欢猴子抓着自己！

委屈自己成全孩子？委屈孩子成全自己？都不好。

射手："妈妈不喜欢和猴子合影，如果你们喜欢，只好自己去和猴子合影，你们自己选择。你们要知道，妈妈不会让孩子做危险的事，有工作人员照顾你们，可以放心。"

无论麦兜麦唛做什么样的选择，射手都尊重，她们自己需要承担选择的结果，不抱怨，不后悔。

麦兜麦唛未能克服恐惧心，没和猴子合影，路上有些小失落："妈妈，给我买只猴子，我们自己会好好养。"

射手："那猴子要离开它爸爸妈妈，被关在房子里，它可能不愿意。"

先后看了两场表演，可能大人们都会认为是哄哄游客的小玩意儿，射手陪麦兜麦唛看，和她们讨论。孩子有孩子的视角，麦兜麦唛只有4岁，射手尝试用4岁的眼光和兴趣去理解，同时分享射手的观点。

看完表演，麦兜麦唛看上了人家的鹦鹉了，之前没有和猴子合影的遗憾，使他们变得更勇敢，硬着头皮拍了两张照片。

来到"猴子拘留所"。

射手深不以为然地想："噱头。"

可是，发生了一点小意外……下图中这位女士头发为什么散乱？几分钟前她还是蝎子辫盘头花的，一不留神，这只猴子伸出爪子一把揪住头发直往铁栏里死

命地扯，头被扯得仰面往后坠，吓得大叫，男友费了好大劲儿才把她从猴爪里救出——我们都吓了一大跳。

导游指着猴子训斥说：“就你屡教不改！好好在里头待着吧，别出来了。”

目睹突发状况后，射手把这牌子给拍了下来。有猴子的地方，就潜藏危险。请记得告诉孩子：猴子，貌似可爱，其实危险！

麦兜麦唛也受惊了，一直问：“妈妈，那只猴子为什么要抓别人头发？”“那个阿姨在大叫，她很害怕。”

走一程，歇一程，猴子拘留所的恐慌在这里渐渐散去。这个表演场很幽静，射手很喜欢。

麦兜麦唛在看演出，射手陶醉在自己的小确幸[1]里。

看完猴子表演，麦兜麦唛还不舍得离开。之前因为害怕没能和猴子合影，小心愿还没满足。

射手等在一边，看着麦兜麦唛什么时候可以鼓起勇气说：“妈妈，我想和猴子合影。”麦兜麦唛坐在台下，看着台上的小猴子，一直看着，舍不得离开。

射手：“我们到台上去吧。”

射手和麦兜麦唛走到舞台上，驯猴人牵着小猴子走到麦兜麦唛跟前。麦兜麦唛又紧张又高兴，又想凑近又要躲。驯猴人安抚说：“不用害怕，不咬人，猴子很乖的。”

驯猴人勒住猴子，麦兜麦唛试探地摸一下，逃开，再摸一下……麦兜麦唛终于决定和猴子合影了。射手竖大拇指，亲亲抱抱：“没关系，伯伯驯服的小猴子

[1] 小确幸：微小而确实的幸福，是稍纵即逝的美好。出自村上春树的随笔集《兰格汉斯岛的午后》。

不用太担心。”

越早懂得恐惧的孩子智商越高，恐惧是人类自我保护的本能和成长的必经心理过程。引导得当，孩子将拥有强大的内心和面对问题、解决问题的能量。

怎么才能不恐惧呢？

麦兜还是战战兢兢的，麦唛强作镇定。

射手暗笑：“麦兜，不是你说的要买猴子养吗？”

麦唛真是很淡定哈哈！

小麦唛温和地看着猴子，但不直视，也不动。真是个乖女儿，记得射手的嘱咐。

麦兜紧张得不得了，故作镇定，随时准备尖叫逃跑。

哈哈，不错，越来越自如了。

从南湾猴岛回到市区，射手：“奖励麦兜麦唛吃好吃的吧。那么勇敢。”

民族的风情浓缩在景区和舞台

海南的少数民族有 20 多个，世居的有黎、苗、回 3 个少数民族。

黎族是海南的土著民族，以农业为主。妇女擅长纺织，元代女纺织家黄道婆就是从黎族人那里学习到了先进的棉纺技术，黎族人织的黎锦一般以黑、棕为基本色调，青、红、蓝、白、黄各色相间。

传说黎族祖先是乘船渡海来到海南的，所以船形屋作为传统保留下来，就是船形茅草屋。

黎族能歌善舞，每年农历三月三是黎族的传统节日，海南的黎族人民都要举行隆重的庆祝活动。三亚最热闹，是海南中线一代最具原始特色的民俗活动。

苗族也是海南岛的世居民族之一，海南苗族自称“金弟门”和“金门”，“苗”是他称，有本民族语言，没有本民族文字。

不过遗憾的是，因为各种原因，射手只能带着麦兜麦唛去了一趟已经成为景区的，相对开放、商业化的黎族和苗族部落，并没有深入少数民族最原生态的族群中。这里仅用图片来说话，就好像5岁的麦兜麦唛用眼睛看到的少数民族……

黎族导游小伙子一路带领我们，射手带着两个小孩子，加上射手的慢速度，总会走进一段游人不会进入的去处，比如黎族人生活的小屋……

速度直接影响着导游的收入，通常一天可以带两三个团，遇上射手这样的，一天也许只能带一个。一般导游也都不大愿意带有孩子的游客，但是这个小伙子人很好，并不会催促我们，一路耐心，并且细心看护、照顾着麦兜麦唛。

认真正直的年轻人不应该被辜负，射手虽然并没有说什么，但是当我们走出景区和小伙子告别时，射手会给他应得的酬劳，而不是他报的价格。

如果金钱可以支持他的认真和正直，那么射手多出的酬劳是值得的。

麦兜：“妈妈，为什么您跟那个导游哥哥说多给他钱是应该的？”

麦唛：“因为他服务很好啊。妈妈给他的奖励。”

射手：“麦唛说得对。我们走得很慢，他如果带别的客人，已经走完两三趟了，你们也觉得哥哥很好对不对？”

麦兜麦唛点头。

射手：“所以，我们怎么可以让一个认真负责有爱心的人少挣钱呢？”

南方很多地方都产茶，不产茶的地方也会有自己的“茶叶”，有自己的“功效”。商品带给景区人们利益，如果射手买茶叶，也会带给导游小哥儿福利。当然买不买看心情，如果被人强迫购物一定是有原因的，总之射手是不会被强迫的。

在茶叶店，射手和麦兜麦唛稍作休息，麦兜麦唛好奇地看着茶艺表演，看着妈妈品茶。麦唛终于忍不住请求：“妈妈，我也想喝一口，一小口可以吗？我想知道是什么味道。”

麦兜：“小朋友不能喝茶，也不能喝咖啡，对吧，妈妈？如果可以，妈妈就给我们喝了。妈妈怎么会不爱自己的孩子呢？”

射手笑了：“偶尔，可以。试试吧。”

麦兜麦唛欢喜地捧起杯子，小心地美滋滋地开始品尝。

射手：“《红楼梦》里的刘姥姥怎么喝茶的？还记得吗？”

麦兜麦唛：“我们小小口喝，不牛饮。”

射手："对了，大口一气儿喝完叫饮牛，喝茶要小口细细品味。"

麦唛："啊，好苦！"

麦兜："对嘛，所以小朋友才不喝嘛。"

麦兜麦唛好奇心得到满足了，让喝也不喝了。苦涩的茶水，即使淡茶，对于小朋友来说也毫无吸引力。所以，偶尔，可以。

偶尔，在这样偶尔的情况下，孩子好奇心得到了满足，也体验了茶文化，但是一小口茶水会对孩子的健康有损伤吗？当然不会。最多是多点儿兴奋劲儿哈。

一路行来，各种销售，遇到竹编的小工艺品，唤起射手儿时的记忆。射手："麦兜麦唛，看着小木桌椅，小竹筐，妈妈小时候有过，有很巧的人，他们自己手编的。我们去看看。"

麦兜给自己选购了一个小筐，售卖的姑娘体贴地帮麦兜按照本民族习惯系好在腰间。

继续往前走，遇到了几位正在编制箩筐的黎族老人。

老人们或者织布，或者编制箩筐。坐在铺满布的摊前，或者坐在大树下。看起来时光安静，古朴。过客的我们，在大树下快乐地荡漾着偶遇的秋千，这里虽是景区，还好，看到了一些原生态的自然……

就好像他们的表演，老人们在台上静静地织布，那原本就是他们生活的模样。

麦兜麦唛这样走一遭，少数民族、民族服装、纺织、自制、不同的生活状态种种，应该已经留下一些痕迹了吧。

屋外有一口百年老井。射手和麦兜麦唛都尝了井水，冷冽甘甜。

下山，重新回到我们生活的“世界”，虽然山上的黎族、苗族老乡们过的也是现实的生活，但却是另一种生活，对于麦兜麦唛来说是故事书里的生活吧。茅草屋、纺织阿婆、古井水……

射手：“如果可以，妈妈想吃阿婆做的白菜，阿婆屋顶吊的腊肉一定也很香……”有木炭的烟火味，做饭用的是古井里的清泉……想起来就是多么美味。

这是最接近自然的生活，虽然也有着种种的不方便，但是这应该是人类和自然共生的最和谐的方式吧。人类和自然彼此拥抱，自然馈赠给人类所有的需要，人类用勤劳的双手和智慧从自然中取来所需所用。

这些，是射手希望麦兜麦唛能够了解的……

这，应该比那些真人秀节目中设置的种种生存挑战类情节更真实些吧。

稍微填饱了肚子，麦兜麦唛就开始给射手分享这一天山上见闻的种种感受，射手听着听着开心地笑了，射手希望麦兜麦唛体验的了解的，基本都如愿以偿了。

麦兜：“妈妈，他们生活得很辛苦对吗？但是他们很勤劳。”麦唛：“他们都很聪明，可以用自己的手变很多东西用。我们的家具都是买来的，他们都是自己做的，奶奶说他们穿的衣服都是自己织的布做的。”

……

麦兜麦唛穿着黎族布衣，带着黎族银饰，麦兜自己系好心爱的箩筐在腰间，开始新的美好一天。

三、仁者爱山之赏名山种仁爱

九华山别有洞天

信仰是什么？很长一段时间，人们把信仰和迷信混淆，非常遗憾。直到某一天，开始出现4个字“信仰危机”，人们开始逐渐意识到没有信仰是件很可怕的事。

但信仰不是说有就有的，找到自己尊崇的信仰需要一个过程，因为尊所以崇敬。

信仰首先教会人类的是需要有敬畏之心。敬畏使人谦卑、虚怀若谷、知道山外有山、宇宙浩瀚奇妙、任何事情都可能发生，而，人，需要自知之明，心怀感恩，与其他生物、与世界宇宙和谐共存。

人，会明白，蝴蝶效应所阐明的深刻含义，每一个人心念之间将对这个世界产生好或者不好的影响力，看不见，但存在。

人类渺小，个体虽如微尘，但一样对这个世界产生着不可低估的影响力。

当明白这些，如果我们每个人都要求自己心怀感恩，做个不做坏事的人，也许就足够了，如果日行一善那就更好了。如果每个人都心怀善念，随缘行好事，“不以恶小而为之，不以善小而不为”，那么，这个世界必然美好！而我们每一个人都会生活得幸福。

这就是好的信仰的力量！

但凡好的信仰都会成为个人内心的自我约束力，在他人看见看不见的时候都可以只做问心无愧的好人好事。

所以，射手会潜移默化带给女儿信仰的概念。信仰必将帮助她们建立内心的自我约束力，在她们成长后，无论人前人后都只做一个好女孩儿，只做该做的事。这一切，无痕带入，射手有着足够的耐心，随着时间会渐渐显露真相，射手并不会强加给她们信仰。顺其自然，终有一天，她们自己有了足够的成熟和智慧，会自然选择。

作为妈妈，我只是一个带路的人，潜移默化中带给她们关于信仰的概念，前路需要她们自己去发现，去确认，去行走。

这就叫做随缘自然。

九华山后山很清静

九华山一直被赞誉为江南第一山，至今保留着清朝乾隆皇帝御赐金匾“东南第一山”，被誉为是上古学仙修道的圣地。

当时正值国庆假期即将到来，在非洲出差的天蝎夫君刚回国，一家团聚的时候，射手接到国庆节期间去安徽某地做一个节目的外景主持的邀约。射手很迟疑，同事和合作者大都了解射手的习惯：第一，工作和生活分得很清楚；第二，不轻易让工作影响生活，重视给家人的时间。

邀请方已经听出射手的迟疑，也了解我们夫妻久别的情况，于是主动提出这次外拍可以带着家属一起，外拍工作两天就可以完成，其余的假期时间我们可以自行安排。射手和天蝎夫君商量后，同意了。看看地图，距离九华山很近，高兴地决定：“这次我们全家一起去九华山吧！”

现在越来越多的家长已经开始懂得并重视“三岁看大七岁看老”的“三七”育儿概念，因为从麦兜麦唛出生开始，射手一路悉心陪伴，亲力亲为地照顾，麦兜麦唛非常有安全感，人们说这两个孩子一看就不缺爱，内心稳定，情绪稳定，总是快快乐乐的。也因为她们从1岁多就跟着射手到处走，所以适应能力也很强，在哪里都可以随遇而安让自己开心。

工作完成后，邀请方派车送我们去往九华山。

九华山，古称九子山，因为山上有九座山峰形状很像莲花，所以得名，位于安徽省池州市青阳县境内。

九华山，我们留的照片不多，而且完全站在自己的视角。

射手在寺院很少拍照，不在寺院给小朋友拍照，不和神佛、香炉、所有的古物（比如古树）合影。

射手透过各路佛尊，看着那些收拾整理现金的人，一麻袋一麻袋的功德钱，他们调笑着。射手走过去，他们的态度很不耐烦，张嘴就要钱。他们是商人，不是三宝之一的僧人，但他们却伪装成僧人，潜藏在寺庙里，骗取着善男信女的钱。这钱不再是功德，而是满足伪僧人私欲的祸害。

……

信仰，不是手上带着的珠串，不是死记硬背很多经文，不是内心各种的祈求和还愿！正如寺庙里现在有僧人、有商人一样。我们需要的是真实虔诚的敬畏之心！我们应该做的是种善因，不为求果，只为天下平。

菩萨畏因，凡人畏果。

须知道，因果不虚，种何因，结何果。

从个人角度来说，九华山的行程射手是失望的，佛门圣地已然被过度商业化。

少了清静，多了欲望。

也许这已是中国寺院的常态。

射手是行者，不会辜负了九华山的盛名，行程并没有在对过度商业化的失望里画句号。天福之地，我们自己找氧。

第二天早晨，射手："我们去的是景点区，应该还有好地方。"

天蝎："我问过了，啥也没有。"

射手自己去咨询了："姑娘，你们当地人喜欢去的好地方是哪儿？"

宾馆前台服务员说："这个季节，我们当地人喜欢去后山，就是九华山的后山。"后来射手知道了，不止当地人，九华后山也是驴友会去的地方。

一座山的两个面，向

阳处是名闻天下著名的佛教道场九华山，喧闹非常，香客云集。九华后山呢？射手当时就决定去看看，从宾馆打车30元钱二三十分钟就到了。

南方，秋季，天又在下雨。穿过一个小村落，沿着村路上行，不易觉察间的士车已经载着我们爬上山，到达一座安静的寺院前。寺院背靠青山，面向村庄。整个寺院其实是依山而建，被村庄环抱。确切说，寺院和小山村是浑然一体的，就在村里。

下了的士车，射手第一时间被这里的清净吸引了，跟天蝎说："我喜欢这里，我要住下来。"麦兜麦唛在雨地里欢跳。

大殿门前遇到一位僧人师傅，听射手说完，帮射手叫人，负责客房的大姐拿着钥匙来了："几个人？住几天？"

射手："我和两个小孩儿。"

大姐带着射手走上大殿左侧紧挨的二层小楼，打开楼梯口的第一间房子："住这儿吧，你看看？"

从房间看出去，可以看到大殿，一层是会客室。

比射手设想的好，还有可以洗澡的卫生间，简单、整洁。射手接受，满心欢喜。

"看你带着孩子，给你开的最好的房间，那间是最好的。"下楼时大姐说。

天蝎看到跑过来的射手一脸欣喜，知道射手是准备住这儿了，看过房间说："还行，比我想的好。如果住得不习惯，就再打车回宾馆去。"

住在这里，置身山中，虽然不过20分钟左右车程，却和县城是两个境界。这里是安全的，环境和物质一样透着气质，这里浓郁的朴实使射手安心。的士司机人很好，留下了他的电话。安排好我们，天蝎夫君按照既定航班回北京开始工作。

房间的后窗，看出去是树林，令人遐想，窗下有流水经过，下雨天入住，听着窗外雨声，倍感温馨。

大姐嘱咐我们：“你们和师父一起吃饭，早上 7 点半吃饭，中午 11 点吃饭，下午 4 点半吃饭。错过时间就没饭吃了，来迟了，菜就没有了。”

射手：“嗯，知道了，谢谢您。”

9 点多，距离午餐时间还早，射手带着麦兜麦唛沿着村路散步，开始熟悉这个寺院里的村庄（或者村庄里的寺院），它们是相辅相成，互相依存的。麦兜麦唛看到一个小哥哥，坐在自家门前写作业，好奇地凑过去看。

并不是专门的学习书桌，桌上杂乱，小男孩儿却完全不被麦兜麦唛干扰，认真、专注。上天很公平，他没有漂亮的学习桌，但他拥有山里有氧的空气。比较城里无处可躲的甲醛和雾霾，射手羡慕他。

射手能够给女儿什么？给麦兜麦唛身体精神双补氧，用阅读和旅行的方式。

旅行用最直接的体验，促使麦兜麦唛经历更丰富的时空，了解不同人的生存

。如果能够帮助麦兜麦唛建立更丰富立体的视野，最终超越分层的社会，不

何一个阶层所局限，那是射手希望的。

这个世界很大，生活学习的方式很多，书必须读，路必须走。

兜：“妈妈，哥哥自己一个人，他妈妈不担心他丢吗？”

手笑了：“你觉得他会丢吗？”

：“不会。他坐在家门口呢。”

麦唛："如果有坏人，他赶紧跑回家，或者大喊大叫，他妈妈就出来救他了。"

射手："嗯，有道理。我们需要学会自己保护自己，麦唛说的方法很对。麦兜也说得对，小哥哥在家门口，他会保护自己。"

因为不熟悉，我们沿着主村道走。射手："麦兜麦唛，认识回房间的路吗？"

麦唛："妈妈，我认识！"

射手："好，回去的时候，麦唛给妈妈带路，这样妈妈就不会迷路了，谢谢麦唛。"

随缘自然，随缘自在！

偶得欢喜！

台阶控射手看到台阶就想走一走，坐一坐。偏离主村道，沿着台阶拾级而上，看起来，好像又是个寺院？一个村庄会有几个寺院呢？

陌生的新鲜感，牵引着我们的好奇前行，我们会与欢喜相遇。

站在台阶最高处，回看云雾缭绕处，深呼吸！深呼吸！文字不能言传的美好，深呼吸。

呼出心中浊气，还内心清明！

无名村落，平凡景致，虽无惊艳，但自动人。若感动，必美好！

身后是一座尼姑庵，原来我们环着村路转了一圈，走到了寺

尼姑庵和寺院隔着一段距离，可遥遥相见。看得出来，这里还

这很好。

听到诵经声、木鱼声，循声走近前，高高的门槛内有 3

前敲木鱼，两位正跪倒膜拜，跪拜之后起身，双手合十口

一圈转过来，一位老师太朝射手点头示意，射手跨

师太身后转经；跟随师太跪拜；再转经，再跪拜……麦兜麦唛乖静地跟在射手身后双手合十，转经。

射手内心欢喜。

礼佛结束，另两位师太收拾整理进里间去了，之前提示射手的老师太走过来：“有悟性！有智慧！”

射手双手合十：“感恩师太！”

师太说：“很有缘，你们来得是时候，赶上我们做早课。”

一只小猫卧在佛龛前的拜垫上，之前的几十分钟早课时间，它始终卧在那里，不曾被任何人惊扰。射手第一次跪拜时，小猫惊觉抬头，射手轻轻抚摸说：“不用担心，打扰了。”小猫身体瞬时放松，恢复了之前安卧的姿势。

早课结束，麦兜麦唛第一时间冲过去和小猫咪玩，抚摸小猫，和小猫说话。老师太慈爱地看着麦兜麦唛和小猫，拿来水果递给麦兜麦唛，和麦兜麦唛说话。

师太：“你们从哪里来？”

射手：“北京。”

师太：“带两个孩子不容易，辛苦了。”

射手微笑不语，感恩师太的善意理解，有哪个妈妈不辛苦呢？这是甜蜜的负担，甘之如饴的辛苦，射手不觉辛苦，只感幸福。感恩上天赐予麦兜麦唛给我！

师太选了几本佛教结缘书送给射手：“山里静，没事儿可以看看。”

谢过，离开时，师太送出来，指给我们一条捷径，原来不用绕远的村路，跨过小竹林，就能到寺院，5 分钟的距离。师太一直在身后叮嘱：“小心路滑。”走出好远，回头，师太还站在原地，见我们回头，就轻轻地挥手，深咖色的僧袍真好看……

回到房间，大姐正等在门口：“回来得刚好，正找你们呢，赶快去吃饭吧。

我带你们去，你们不知道地方。”

从大殿前经过，走几分钟，经过一堆竹子，麦兜麦唛停下来：“竹子！妈妈，我们先在这儿玩一会儿，行吗？”

大姐：“去迟了，就没菜了，寺里不浪费，所以饭菜都不会做多。”

射手：“我们先去吃饭吧。”

竹子前方转过弯就是吃饭的地儿了。

是一个平房，进门，左手是厨房，右手是餐厅，其实就是做饭和吃饭都在一间房子里，简单，清洁。已经有一些僧人在吃饭，气质朴实，就好像穿着僧袍的自家大叔。麦兜麦唛进来，引起了关注，僧人们都高兴地招呼：“双生！”“来，小姑娘，饿不饿？来坐这儿。”“几岁了？谁是姐姐啊？”……

大姐和我们说：“你们别着急，等师父们吃完，你们再吃。这是这里的规矩。”

话虽这么说，但是僧人们在招呼我们吃，让我们坐，厨房的大叔大妈也给我们盛了饭高高兴兴送过来。显然，大家都很欢迎麦兜麦唛，寂静的山里，日复一日的平淡，偶然出现的一对双胞胎小朋友应该是一个闪亮的点缀。

饭菜，当然全素。麦兜麦唛吃得很香，射手也吃得很香。吃完饭，觉得胃肠很清洁很舒服，完全没有负担感。在北京，有时吃完眼花缭乱的大餐后会口渴，不舒服，后悔吃，还花很多钱。这里，我们没有剩一粒米。不是因为不允许，是因为我们甘之如饴。

在危险里打了个转儿

在九华后山，麦唛体验了自出生以来最严重的恐惧，同时也感受了最笃定的爱和安全。我们印象深刻，并成为我们母女内在的强纽带之一。麦兜麦唛至今遇到同类事件时，都会鼓励自己："哭有什么用呢？哭不能解决问题！再危险的地方，我们勇敢，每一步小心踩稳就没问题。"

其实回想，射手自己也会有后怕。

清晨吃过早饭，愉悦呼吸着新鲜空气，踏上山路时，一切多美好……前面，有一个潜伏的危险，不请自来，而我们，从危险里打了一个转。

拾级而上，台阶修缮完好，村里人告诉我们从这里上山："没事儿，很安全。"

天飘起微雨。我们拾级而上，雨中漫步在貌似无人的山间，是一种享受。想起学生时代学的课文《雨中登泰山》，就给麦兜麦唛随口说起来。麦兜高兴地说："妈妈，我们是雨中登九华山。" 麦唛："是雨中登九华后山。这里是九华后面，是后山，对吧妈妈？"

一路人工台阶修得很平稳，我们娘儿仨秉承记录精神，一路互相拍照，麦兜麦唛随意拍摄，射手不时点评她们的构图。

关于记录，如果能够完美当然是好的，如果不能，有记录就是最好的。孩子一路稚嫩地拍摄，不专业，但留下的，就是她们一路成长的痕迹。

我们每一个，都是从不会到会，从做得不好到做得好，这是一个必然的过程。面对孩子的成长，我们不要急于看到好的结果，每个真实的瞬间都值得珍存，会在时光中闪烁独有的亮度。

对于射手，记录，是一种习惯，更是一种精神！无论文字、声音、照片、视频，回顾时，愈加发现是一个珍贵的存在，时间能显露真实记录的力量。

"妈妈，这里有瀑布吗？我好像听到瀑布的声音了。"麦唛说。

"让我也听听，好像真的是瀑布的声音。"麦兜凝神静听。

听到瀑布的声音，越来越确定。射手："附近可能有瀑布。"

麦兜麦唛说："妈妈我们去看瀑布吧，我想看瀑布。"

射手："好，我们找找瀑布在哪里。"

麦兜："妈妈，我知道，我们跟着声音走，就能找到。"

麦唛："麦兜说得对，麦兜你真棒！"麦唛抱着麦兜亲亲。

我们循声拐上了一条小路，不知不觉间离开了安全平稳的大路。拐过去的那条支路并没有铺石头，也没有修台阶，是一条原生态的土路，越接近瀑布路越难走，因为下雨路越来越泥泞。距离瀑布一二百米时，射手警觉起来，叮嘱麦兜麦唛停在原地安全的地方，射手自己走过去探探路。横在射手面前的是一个断裂的土层，非常滑，两边是丛生的林木虚掩着的陡坡。射手小心翼翼走过去，瀑布横在眼前，虽然没有"飞流直下三千尺"的壮观，但倾泻而下的力度飞溅起水花形成薄雾，的确很美。巨大的水声让射手有些恐惧，不过也不是水声的原因，是因为路面危险，射手没有力量让麦兜麦唛也过来看瀑布，所以恐惧。射手恐惧的不是瀑布巨大的水声，是雨中山路的隐忧。一个不小心，就会滑下山去。

麦兜麦唛和射手只隔着一个断裂的土层，土层在转角前，就这么一丁点的距离，隔断了麦兜麦唛的视线，她们看不到瀑布。

射手拍了照片，跨过断裂土层，走回麦兜麦唛面前，给她们看图片："看，这就是我们听到的瀑布。但是这儿有些危险，妈妈没有足够的能力带你们安全过去，所以，妈妈拍了照片给你们看。"

麦兜探着头尝试看到瀑布："妈妈，瀑布好看吗？"

麦唛："妈妈，没关系的，瀑布别的地方还有，安全第一。"

从瀑布返回，射手有些放松警惕，以为顺着路自然就会走上安全的石阶路，我们走出了拐上瀑布的土路，走上了面前展开的石阶，但却越走越窄，越走越陡。这不是之前那条主路，射手已经明白了，开始进退两难。

停下来，观察了一下周围，看起来这条路似乎很快就到头了。让麦兜麦唛靠近山体内侧："麦兜麦唛，你们先站在这儿，不要动，妈妈先上去看看，给我们探探路。这里没有别人，但是摔跤就很危险，所以不要动，等妈妈过来。"

射手和麦兜麦唛的相处方式对于很多家庭来说可能并不适用，因为很多孩子不会像麦兜麦唛那样稳稳地站着不动，乖静地等妈妈来。所以，如果没有像射手这样已经建立紧密的亲子关系，不要这么做，最好还是紧紧牵着孩子的手，把孩子看牢抓稳，避免危险。

射手在城市里，从不会让麦兜麦唛离开自己的视线，因为，城里有"狼外婆"。

人迹罕至的九华后山，又是秋雨缠绵的天气，没有别人，只有射手和麦兜麦唛在这里。射手不需要害怕坏人，只需要叮嘱麦兜麦唛站好，别动，因为摔下去危险。

射手不会走出麦兜麦唛的视线，也不会让麦兜麦唛不在射手视线之内，这是一个底线安全距离。

这是条修了一半废弃的路，很快就到头了。射手的好奇心驱使射手和麦兜麦唛已经走过了最难走的一段，上山容易下山难，刚才上来时那段路很难走，怎么办？射手心里思忖着，返身回来对麦兜麦唛说："上面已经没路了，我们现在往回走吧。"

起风了，射手收了手中的伞："麦兜麦唛，把伞收了吧，像妈妈这样。淋点儿雨没关系，被风吹走就危险了。"

麦兜："就会像降落伞一样把我们吹走。"

麦唛："我们就和蒲公英一样飞。"

射手："可是我们不是空中飞人啊，这么高的山，很危险。"

伞收起来的时候，雨居然停了。

麦兜麦唛的外套上有帽子，射手给她们戴好并亲亲："来，妈妈抱一下，真好看！”射手走到麦兜麦唛下方位置，面对着麦兜麦唛：“麦兜麦唛，谁告诉妈妈，两边哪里安全，哪里危险？”

麦兜手敲击着山壁：“妈妈，靠着山安全，这边掉下去就危险了。”

麦唛：“妈妈，我好害怕，这个路也很滑，会不会掉下去？”

射手：“脚踩稳，看清楚脚下的路，身体靠近山壁那边，侧着身子下台阶，每一步都踩稳，对……”

狭窄陡峭又泥泞的台阶，一边是陡坡，麦兜麦唛和射手在一起，射手想：这荒山野岭的，如果没有麦兜麦唛，我会害怕。但是，有麦兜麦唛，所以射手一点儿都不害怕，所以射手才会跑到废弃的断路上来。

麦兜一步一步稳稳地下台阶，小心谨慎，勇敢。

麦唛走了几步，准备哭，射手不等她哭，就语气严肃地说：“不许哭！现在没时间哭，哭花了眼睛，怎么看路？往下走！看清楚脚下的路，身体靠近山壁，每一步都踩稳……有妈妈在，不用担心。”

射手语气不容置疑，麦唛知道妈妈是认真的，憋住没敢哭出来，咬住嘴唇，心惊胆战地摸索着走。走，好想哭，好害怕，好想哭，走……

射手边全神贯注着麦兜麦唛，边说：“不用担心，妈妈在！妈妈小时候常常一个人爬山，遇到过很多事情，都很安全地回家了。”

一直认真对付滑溜溜狭窄台阶的麦兜停下来：“妈妈，你一个人不害怕吗？不会被坏人拐走吗？不会遇到蛇吗？”

射手：“可能有坏人吧，不过妈妈没遇见过。有时候也会害怕，但是害怕有什么用呢？要想办法，我总是想办法让自己安全。这个世界上，有很多人走别人不敢走的路，去别人不能去的地方，因为他们很勇敢。”

麦兜也害怕，也紧张，但她不表现出来，因为她知道哭闹害怕没用，所以稳稳地一步一步小心地走，按照射手教的姿势。麦唛看看麦兜，嘴巴一咧，又想哭，被射手的眼神制止了。

射手停下来：“休息一下，麦兜麦唛，妈妈在，你们不会有事！妈妈不在，你们要动脑筋自己保护自己，自己照顾自己！哭，不能解决问题！”

射手在下，麦兜麦唛在上；射手在外侧，麦兜麦唛在内侧。一步，一步，我们走出歧路。

突然，麦唛脚下一个打滑：“啊！妈妈！”直直地摔下来，射手稳稳地接在怀里。

麦兜站住，兴奋地喊：“妹妹，看，你没事儿吧，妈妈接住你了吧,妈妈说了不用害怕。”

射手抱着惊魂未定的麦唛，轻拍麦唛的后背：“妈妈在，孩子不会有事的，看，小麦唛在妈妈怀里。”

麦唛没有哭，妈妈的怀抱让她倍感温暖安全，驱散了恐惧不安：“妈妈，我刚才脚滑了一下！我飞下来了。妈妈接住我了。”

射手放开麦唛，扶麦唛站稳：“脚踩稳，每一步都踩稳，看清楚路，就不会摔。靠近山壁，侧着身走……”

终于，我们安全了……

终于，可以哭了！

射手笑着说：“宝贝们，我们安全了！我女儿真勇敢！”

麦唛哇的一声大哭起来！好吧，给你哭的时间，麦唛，如果哭泣能让你释放刚才的恐惧的话，现在哭吧。

麦唛大声地哭啊哭，哭啊哭……

麦兜看着射手，笑起来：“妹妹，都安全了，看我都不哭，一点儿都不可怕。”

射手看着麦唛拍照，看着麦唛笑。

麦唛哭着走下来扑进射手怀里：“妈妈，刚才吓死我了！我很害怕！”

射手抱着麦唛，轻轻拍着她的后背：“妈妈知道啊，妈妈都知道，妈妈也害怕，可是你看，我们好好地站在这儿，很安全。知道吗？小麦唛，你很勇敢！那么害怕，还可以自己走下来，才是真的勇敢！”

射手把麦兜麦唛拥在怀里："知道吗？你们很了不起！你们这么小就可以自己走这么陡这么窄的山路。你们真的很棒！妈妈为你们自豪！妈妈给你们道歉，是妈妈走错了路，让我女儿害怕了。妈妈以后会谨慎些。"

麦唛不停地亲吻射手的手和胳膊："你是好妈妈！我爱妈妈！"

麦兜："妈妈，亲亲！我永远原谅妈妈！我爱妈妈！再说，我不觉得很害怕啊，挺好走的。"（麦兜又自信心爆棚了，刚才是谁吓得小脸儿都绿了？悄悄笑一个。）

麦唛："我永远都爱妈妈！原谅妈妈！妈妈最棒，我都没摔跤，妈妈都接住我！"

这些话爸爸妈妈们似曾相识吧？人们习惯颂扬伟大的母爱父爱，其实，做了妈妈，射手才知道，孩子，这弱小稚嫩的生命给父母的爱无私澄澈，实在更让人感动啊！

孩子，怎能辜负？

摆好 pose，留存纪念！

射手并没有抱，或者扶麦兜麦唛，逼迫麦兜麦唛自己走险路。那段路的确危险，所以射手全心看护麦兜麦唛，并没有拍照摄像，却深刻在脑海里，至今。

在这以后，每当我们再遇到困难时，都会不约而同地提起这件事。

麦兜会跟麦唛说："你忘记了，在九华山后山那次，你摔下来，妈妈把你接住了。"生命中会有珍贵的瞬间，当射手接住麦唛的瞬间，就成为了射手一生的自豪！因为射手说到做到，给了孩子强大的安全感！这偶遇的瞬间，多么珍贵！是我们母女双方的幸运，让我们被这珍贵的瞬间更紧密地连接！

女儿全心的爱和依赖，射手并无辜负，用实际行动证明了：孩子，妈妈可以保护你！在你还没有长大的时候！

但是，孩子，你更需要自己保护自己，自己照顾自己！所以，你需要自己走下来，妈妈不会抱，也不会扶。

我们很快找到了原路，在拐上通往瀑布的那条支路之前的石阶，原来隐藏在废弃的石阶路和瀑布小路之间的一个树丛里，如果不特别留意，很容易错过了。

我们继续顺着这条安全的石阶路，爬山，雨又开始下起来，柔柔的雨丝，湿润清新的空气，而我们又走上了安全的路，一派轻松。

刚才的困境，好像一个梦。看我女儿笑靥如花。

爬到半山回望，美妙的体验，不亚于雨中登泰山的感触。子非鱼焉知鱼之乐？泰山有泰山美，九华后山有我们专属的美妙。

喊山是惯例游戏，有三个好处：一、有氧运动；二、播音主持专业出身的射手，也在有意识训练女儿的呼吸发声能力；三、心理纾解，对着群山呼喊可以舒缓郁闷，改善情绪。

两个小朋友经历了前面那一场惊险，都更加精神勇敢，两个人互相协助，麦兜在悄悄地和麦唛商量着什么？时间久了，已经不太记得。但重要的是，射手记得她们那种愉快自信的状态！比较早上开始爬山之前，她们似乎长大了很多。射手很安慰！

生命很奇妙，有时候，一件事会促使人瞬间成长。

父母应对问题的态度和方式，也将影响到孩子的应对，不仅当时，还有未来。

之后的山路，麦兜麦唛始终在前面给射手领路，自信、快乐。当然，这条路是修缮完好、平稳宽幅的石阶。射手可以安心地落在麦兜麦唛后面。

居然，就到山顶了。真是高山怕缓行。散步式爬山，不知不觉就爬了一座山。

麦兜麦唛忽然站住，回头等我，并悄悄喊：“妈妈，有人。”她们看到一个陌生人。

看到陌生人要保持距离，和妈妈待在一起，这些都是现在城市孩子必备安全知识。

射手也看到了，是位僧人。僧人脸上的笑容明显友善。射手看出来了，是僧人听到看到我们，专门来迎接的。

在这样一个山顶，首先看到的是茅庐般简朴的小庙，和朴实如邻家大叔的僧人，一个意外的欢喜。麦兜麦唛看到射手的示意，放下戒心走上去，僧人牵起麦兜麦唛的小手，带着她们进去，给水喝。她们不喝，给水果吃，她们不吃。

但是，当她们看到钟，不再说谢谢了，高兴地接受了僧人的建议，被僧人抱起来兴冲冲地敲钟。

射手认为自己见到了真的三宝，这里没有高大华丽的建筑，只有简陋的小茅棚。这里也没有一麻袋一麻袋的人民币，更没有言语不善的数钱人。穿着僧袍的大叔话不多，但友善亲和，就好像是迎接归家的人，射手有回家的亲切。

走的时候，射手拿出100元钱放下："香火钱。"僧人拿起钱惊讶地看着射手，要还给射手，嘴里说着："太多了，太多了。"射手惭愧地说："不多，其实很少，您就收了吧。"

僧人就笑了，没有再说什么，也并没有说感谢。如果说感谢，射手会失望，射手会惭愧。

我们顺着这条小路走来。也许是因为行走在濛濛细雨中，也许是因为清净，也许是因为心境，射手恍如在仙境！

驴友的矿泉水

九华后山的故事前面都讲了，这个故事一定要单写一篇，为什么？您会懂的！

我们在上山的时候没有带水。喜欢一切从简的懒射手，从来不会忘记带水，这次却疏忽了。

当我们返回安全的主路，麦兜麦唛想起来口渴了，越来越口渴，可是一路怎么没有水卖呢？也没有可以喝的泉水。

只好不停给麦兜麦唛"画梅林"[1]："麦兜麦唛，可能前面有卖水的，说

---

［1］ 梅林：出自典故"望梅止渴"。

不准儿还有卖冰棍的，妈妈可以给你们买冰棍儿吃。”

前面没有遇到水，但是后面，有水来了。

是两个驴友，很年轻的两个小伙子，一胖一瘦，身背专业登山包，射手猜：巨大的登山包里装着各种装备吧。当然，有水！

看看两个渴望水的小朋友，射手向两个年轻人提出了请求：“可以卖两瓶水给我吗？孩子口渴了，谢谢。”

年轻人爽快地递过来两瓶水：“不用买，给孩子喝吧，双胞胎啊，真可爱。”

射手只好由衷地再次表示感谢，麦兜麦唛也很懂事地道谢接过水。

其实射手的这个请求，即便买水也是很过分的！因为水很重，从那么远的山底下背上来，每瓶水都不容易，一瓶水 20 元钱射手都过意不去。

可是，这两个年轻人不仅不要钱，却说了另一句让射手非常赞赏的话，他们跟麦兜麦唛说：“小朋友记得把矿泉水瓶扔进垃圾箱，或者带下山去哦。”

麦兜麦唛高兴地点点头，麦唛快乐地说：“好的，我妈妈最讨厌乱扔垃圾破坏环境了。”

射手去过的地方，很少看到没有游客乱丢弃垃圾的，但九华后山没有看到，也许是因为人很少。而我们在九华后山偶遇的两个年轻驴友，他们却成为一种旅行的榜样。射手真希望，更多的中国人可以像他们这样！

如果，两位小伙子能有机缘看到这本书，请找射手，送书给你们，是水的答谢。

山高水暖黄山行

黄山，不只因它的盛名而留痕于心，更因为遇到的人。

算计的大男人，温和的小女人——一对个性截然的夫妻，是我们黄山故事里留痕的人；一位好心的摄影师，更是我们不会忘记的感念。他们用不同的方式给了我们帮助，被动的，计较的，主动的，善意的。我有对抗，也有感谢……

正如日常的相处，旅途中偶遇形形色色的人，我们也在其中发现着自己。

而他们，带着各自的性格特征，成为我们的有缘人……

好心的摄影师

一路蹦蹦跳跳，和在别处的台阶没有什么不同，和爬其他的山也没有什么不同，麦兜麦唛并不懂得黄山和其他的山有什么不同，也不知道名山为什么是名山，这是成年人的视角。年幼的麦兜麦唛不需要清晰地辨认“名”和“无名”，她们来过黄山，未来还会去其他有名无名的各种山，渐渐地积累，真实地体验，有一天，她们自然会有比较，自然会懂。现在就让她们单纯地沐浴在黄山的灵秀中，无形地被滋养。

射手清楚地知道，人类大脑是通过感受来学习的，达成学习的模式有两个：一是自身经历产生的真实体验；二是在一次次的重复中逐渐完成对事物的认知。

麦兜麦唛还小，对于学龄前儿童，第一种学习方式激发潜能，第二种学习方式压制潜能，射手选择第一种，为麦兜麦唛未来攒足后劲儿。

每一次旅行都是人与人的相遇，人与天地的相逢。每一次旅途中我们都会认识陌生人，各种各样的，给我们友善和帮助的占了百分之九十九。

黄山，我们在上山的大巴上已经被一位非常爱国且极有情怀的摄影师关注，只是，拍下这张图时射手还懵然无知。

就是下图中站在麦兜麦唛旁边的这位摄影师。

这位摄影师，他一直不远不近地和我们走在一起，他和射手攀谈，得知我们还没有预订酒店，告诉射手：“因为喜欢摄影，所以我每年都要来黄山好几次，对这里很熟悉。游黄山一天是来不及的，需要提前定好酒店，住在山下来回跑，不如住在山上方便省钱。还好现在不算旺季，应该还有房间，我有这里熟悉的宾馆，价格也有优惠，如果需要，可以帮你们先预订。”

射手当然很感谢。真诚是可读的，相由心生。正念的人，可以从气质感知。现在因为各种的原因，社会公信力下降，人与人之间的信任岌岌可危，但我们还是需要相信，人的善良，人的真诚。

且不说：“这个世上还是好人多。”

佛说：“一念之间。”一念成魔，一念成佛。每个人身体里都同时住着善和恶，智慧的人，都是会激发他人善念的人。

射手在旅途中，遇到很多好心的陌生人，一个弱女子带着两个小朋友，所以他们自然地产生帮助的善意，这就是人之常情背后大多数人朴素的善良。这善意遍地开花时，我们每个人都会身处福地。促使善念开花，对我们每一个人都重要，要相信。

这位好心的摄影师为什么会注意到我们，主动关照我们呢？仅仅是因为这寻常的善意吗？不，虽然他几乎没有说过原因，但射手之后却突然想起，在大巴上的一件“小”事。

射手有个习惯，坐巴士喜欢坐最后排，最后才下车。所以，送我们进入黄山的巴士上，射手和麦兜麦唛也坐在最后一排。射手旁边坐着几个台湾同胞，其中有一位年纪大约50岁，看起来很儒雅的男士，在行车的过程中多次大声批评“中国人”，注意，是“中国人”，不是“中国大陆人”。

终于，射手看向他，微笑着说：“先生，如果我的判断没有错，您是中国台湾人？”

他惊讶地看看我，然后貌似礼貌，但坚决地说：“我是台湾人！”他刻意强调他是“台湾人”，语意明显否认自己是中国人。

射手：“难道台湾人不是中国人吗？”

他愣了一下，才说：“某种意义上说，不是。”

射手看定他，语气确凿，一字一句坚决地说：“没有某种意义，无论你怎样地否定，就好像要断绝关系的父子一样，依然是血脉相连，容不得你的否认。台湾人就是中国人，台湾就是中国的一部分。”

他看到射手的坚决，大概想到他之前无所顾忌肆意批评大陆人没有教养等的言论基础，面对一个女士，他保持了最好的教养，他说：“我只是说台湾人比大陆人有教养，我们实在耻于和大陆人相提并论。”

射手继续微笑：“比如，我？我是土生土长的地道大陆北方人。”

他马上说：“不，您属于少数，显然是受过良好教育的，在大陆像您这样的很少。”

射手认真地说：“我想我比您更了解您所谓的中国大陆人，不是谦虚，我只是其中很普通的一个，从文化教育程度到衡量文明程度的教养，我都极普通极普通，甚至可以说是中等稍稍偏下的位置。您所说的教养欠缺的人的确有，但不仅中国，全世界都有，只要有人类存在的地方都会有各种不同的人群。存在的差异性因为各种原因造成，很难求同。何况，中国大陆地域广阔，从地域到人数，都不是世界上任何一个国家能够相比较，管理这样的一个国家不容易，使这样一个国家的人民全部都达到您的教养标准更不容易，但是中国大陆这些年一直都在进步，飞快地进步着。您以前来过中国大陆吗？”

他点点头：“曾经十几年前来过。”他承认：“大陆的确进步很大。”但是他固执地轻视中国大陆。

射手最后认真地说：“中国是台湾的娘家，中国是每个中国人的坚强背景，没有强大的祖国母亲支撑，您，我，每个中国人都不可能这样幸福、自信地在旅途中。”

然后射手不再和他交谈，转头开始和麦兜麦唛聊，说着小朋友能听懂的曾经苦难的中国里受苦的中国人，和现在大多中国人可以幸福生活的中国，和中国还有很多落后的地方需要她们长大后努力建设。

在射手和这位台湾同胞对话的时候，坐在斜前排的摄影师曾回头看射手，并伸出大拇指，冲射手深深地点头。

当射手想起这件事的时候，明白了摄影师主动帮助我们的真正原因：我们都是热爱祖国的人，我们都是同胞！

无忧无虑的小朋友，她们带着最干净的心亲近大自然，没有国家的羁绊，没有民族的隔阂，没有种族的歧视和纷争，她们用最干净的心完全接受这人间，无忧无虑。

有种说法，孩子是最智慧的，尤其是刚刚出生的新生婴儿，她们的智慧是天然和宇宙相连的大智慧，这种智慧就是无分别心的欢喜自在。

是人类因为占有的贪欲将和谐的地球割裂……

没有活在爱里，必将活在仇恨或者恐惧里。为什么我们不选择爱与和谐？

唯有爱，神圣不可欺！唯有爱，坚不可摧！

黄山狮林大酒店，位置在黄山中部，上下都方便，综合黄山上的其他宾馆，价格也比较适中。当然，也因为摄影师经年来往建立的人脉关系，获得的折扣优惠也使我们受益。

这里是摄影人的家。酒店房间根据人们需要，根据摄影师的需求，分设有不同的房间标准。据说还有集体宿舍那种类型，帮助我们的摄影师姓丁，丁老师帮我们预订的是标准间，还是一个观景房间。

丁老师自己定的是多人间，他说：“我每个月工资就3000多，基本都花在摄影器材上了。”他的摄影装备非常高端，他会舍得为一个镜头投入几万，但不舍得多几百元钱让自己住在舒适的标准间里。这种对生活节俭，对兴趣慷慨投入的专注，射手很欣赏。

不是每个人都清楚自己究竟要什么。更多的城市购物狂剁手族，钱都没有花在刀刃上，只是无聊地消费消费消费，毫无价值没有成长的轻消费，让生活臃肿，让自己颓废。

那些为了自己的兴趣专注投入的摄影师，他们其实不仅仅满足了个人兴趣爱好，他们用省吃俭用买来的高级摄影器材尽可能地捕捉世间美好，正是这些不同瞬间的记录碎片，给人们一个可欣赏的影像，使不曾来过的人们可以看到，使不曾了解的人们可以感受。艺术从来都是给予这个世界美好中的美好。

酒店内外部环境都不错，处于美丽的黄山之中，自然四处皆是美景，清洁有序，服务到位。射手不记得在这里吃过饭，所以食物就不能妄评了。射手也不记得跟丁老师说过感谢，似乎是一个接受帮助总是很坦然的人。

大概嘴上不说的感谢，常常凝结成了内心的感恩。

办理好入住手续，走出酒店，射手问：“我们走哪边？”

麦兜麦唛发现了登山轿子，指点：“妈妈，我们走这边。”兴奋地跑到轿子跟前好奇地看来看去。麦兜：“妈妈，这个是轿子，刚才上山的时候我们看到有人坐在上面。”

麦唛：“妈妈，这个轿子是用竹子做的。”

麦兜麦唛：“妈妈，我也想坐坐。”

射手：“那就坐吧。”

射手看着麦兜麦唛坐轿子，想起刚才上山时看到轿子上的大胖子怡然自得，和瘦小的抬轿人形成强烈反差。山高台阶多，射手多少有些于心不忍，射手想：“如果不能够自己走上山，爬山还有什么意义呢？”

也想起射手自己，从小喜欢坐黄包车，那种脚踏带篷的，外公曾批评射手：“你坐在上面，人家那么辛苦，你就能心安理得？”年少的射手振振有词地说：“如果我们都不去坐，他们怎么挣钱养家呢？”外公听了沉思不语。可那毕竟是平地公路，射手又是一个瘦瘦弱弱的小女孩儿。

可是，如果没有人坐，他们可怎么挣到钱呢？怎么养家呢？

世间的很多事情，都是悖论，很难两全，如何两全呢？

射手之前是把旅行箱寄存在山下宾馆的，带的必需品也已经放到狮林大酒店房间，爬山，轻便最重要。负重登山，辛苦不说，还会辜负了眼前美景。

射手和麦兜麦唛每人带了一瓶水，沿着山路继续上行，距离天黑还有几个小时。

据说，黄山一年四季游客都很多，因为黄山一年四季都有风格各异的美景。世界各地慕名而来的游人时时如织。

虽然在我们前面、身后和视力不及的地方人潮汹涌，但幸运的是，我们几乎一路都很清静。

不时地，我们会遇到陌生的旅伴，同行一段。继续向前，会遇到新的陌生的旅伴，再同行一段。自然，随缘。不用互相迁就速度，无须内疚等待或追赶。相遇或者分开，都是温馨。

麦兜麦唛边走边玩，回头时发现一对母女，麦兜麦唛指给射手看：“妈妈，你看，那个老奶奶是她女儿带着旅行的。”

射手看过去，好像真是一对母女，彼此亲昵无间，女儿孝顺呵护，母亲满足喜悦，真是一幅美好的亲子图。射手看着，开始向往，麦兜麦唛长大，也有时间带着射手去旅行。

麦兜：“妈妈，等我长大了，也带您旅行，您想去哪儿我就带您去哪儿。”

麦唛：“我去哪儿都带着妈妈。我永远和妈妈在一起。”

麦兜麦唛从会说话开始，就常常说，等她们长大了，无论去哪里都会带着妈妈，去哈佛上学也带着妈妈。

射手相信，长大的她们，一定会这么做。

因为，射手就是这样养育幼小的她们。麦兜麦唛半岁的时候，射手辞掉了保姆，亲自养育她们，她们一点点长大，如今已经会用言语回报射手。

所以，不用刻意要求孩子什么，父母无私的爱和陪伴随时光流逝自然会有回报。

所以，不要刻意要求孩子成为什么样的人，父母身体力行的影响力伴随时光自然会雕刻出类似的孩子。

射手爱行走，安然自在地带着两个小朋友到处行走，正如亲爱的外婆带着幼小的射手到处行走。

通常情况下，一个人幼年时接受的教养方式将决定为人父母时的教养方式。

远远看过去，母亲已经六七十岁了，女儿也有四五十岁的样子。母亲好像累了，女儿有些吃力地搀扶着，射手安静地看着，有些感动。母女连心，麦兜麦唛看出了射手的心思，问：“妈妈，我们要不要去帮那个老奶奶？老奶奶累了。”

射手点点头，微笑注视两个小人儿欢跳下台阶，一个跑到老人家身边尝试搀扶老人的胳膊，一个跑到女儿身边高高兴兴地牵起了手。老人家笑了：“真好！好孩子，谢谢你。”老人牵起麦唛的小手儿，聊着天一起往上走。不知道是不是心理原因，射手感觉老人家好像没刚才那么累了，之前走走停停抬头往上看，想休息，麦兜麦唛过去以后，脚步轻快了很多，不再停停走走了。

射手站在高处等待，看着老少和谐图，心想：“果然老人孩子是天生的伴侣。”射手似乎在安静地注视着自己的未来。

射手想：“我老去的时候，一定是个幸福的老太太。”

上天说了，种下的种子，必结种子的果实。

到达光明顶，和许多游客一起坐在暂时的山巅，回望绵延群山，看葱郁的松树，著名的黄山松！曾经在学生时代的课本里出现过的著名的松树！

因为有雾，所以看夕阳的期待是不能实现了。我们没有停下来，继续往上走，走到这条路最高处，这个角度再看出去，和刚才的山巅又完全不同。

为什么丁老师连续多年每年都会来黄山好几次？像丁老师这样的摄影人很多，黄山太美，每个角度都自成一景，一生都拍不完。

有时想想不免沮丧，人穷尽一生，恐怕连一座山都看不完整，何况变是绝对的，此时此景，也是绝对之境，再不会有，我们永远不可能走过同一条河。

人类一思考，上帝会发笑，还是做一个平凡的人，做好最简单的事吧：人生苦短，不必庸人自扰，抓紧时间做些有趣的有兴趣的事，抓紧时间和孩子亲亲爱爱在一起，安好。

离开光明顶后，我们面临两条路，一条坎坷难爬，一条比较顺畅，和上山的路不是同一条路，但都可以走到我们居住的酒店。看看天色，已经快6点了，不时有陌生的旅人友好地提示我们，带小朋友回宾馆吧，待会儿天黑了不安全。

有两个年轻男孩儿，射手问路时，他们说：“我们一起走吧。”一路细心照顾着麦兜麦唛，可是，当我们遇到了同酒店的人时，他们说过再见，转身却走上了回头路。

射手惊讶地看着他们的背影。

我们总是会遇到好人，因为，善良的灵魂会和善良的灵魂相遇。

带路的夫妻

很快，天就黑了。山上的天黑得真是很快。

麦兜麦唛饿了。我们跟着闪烁的灯光走到了黄山上唯一的五星级饭店。当射手带着孩子坐在灯光里，温馨的用餐环境，周到的服务，让射手看着外面的黑暗有了暂时的安心。

因为，天已经黑了，而射手完全不认识回酒店的路。

小朋友吃饱了，就会重新活泼起来，麦兜麦唛有射手精力充沛的遗传基因，所以总是活力四射的样子。我们走出餐厅，面对完全笼罩在夜色里的黄山，射手回头看看坐在餐厅用餐的谈笑风生的人们，几乎没有像射手这样一个年轻的女人带着两个小朋友的，他们安心愉悦。而此刻的射手，却不能安心。射手该怎么冲破这黑暗，克服射手的路盲症，准确迅速地回到我们可以安身的宾馆呢？

没有人能看出射手的不安心绪，因为这不安只是在射手脑中盘旋，麦兜麦唛看到的妈妈，正握着手机在东拍西拍。

射手拍摄这暂时安全的黑暗中的光亮，拍摄即将告别的暂时安全的环境，这里有人声，继续往下走，据说就是没有灯光的夜路，都是台阶，相对安全，但是一个小时左右的路程，没有灯，也没有宾馆和人声。想想还是挺可怕的。

但射手还是带着麦兜麦唛走了下去。

射手注意地观察着各种让人安心的可能。果然，幸运地找到了。

射手看到一个中年男人和一个中年女人正在和一个年轻的女服务员说话，走过去搭讪。服务员热心地说："你可以和他们一起走，同路。"射手得知，这对中年人是夫妻，是酒店的帮工，正准备回家，和射手同路。射手提出可不可以同行，心里在想："如果可以，我会给钱感谢你们。"

但是那个中年男人看看我们，不客气地说："20 元钱。"

射手看看他，反而不愿意给了，笑着说："这么便宜？大男人？"

男人涨红了脸，半天说："不给不送。哪里有免费的事情。"

射手安静地看着他，不说话。站在男人身边的女人温和地看着射手，摇摇手给射手示意："我们一起走，一路。"

中年男人坐在台阶上，不走。大有不给钱就不走的架势。射手不说话，也不走，安静地等。射手倒要看看，他究竟回不回家？难道要夜宿山路？如果他要回家，那么必然和射手同一条路，难道还要走别的路？就为了和射手怄气？何况还有旁边那个善良的女人一直歉意地跟射手笑。

射手渐渐发现他是喝酒了，多少有些醉意。

终于男人被女人拖起来，嘴里嘟嘟囔囔地开始走路。他们在前面走，我们走在后面，我们跟得很紧。女人看男人走得还算稳，就会走来射手身边和射手说话。男人依旧在前面叽叽歪歪的。射手当他是空气，不予理会，充耳不闻，笑嘻嘻地和女人聊天，聊他们的家事、儿女，渐渐地男人也插话进来，说起他们的孩子，说起生活种种……

虽然一路上再无别人，也无灯光，但是正如之前咨询的，也不会有不安全，一路的台阶，都是已修建好的给游客行走的平稳石阶路。月色如水，洒下来，倒也清晰可辨。

这样一路没有悬念地走下去，走走说说，已经到了中年夫妇回家转弯的小路，女人善意地指路给射手："你们继续往前走，很快就到了，不远。这里都很安全，没人，也没事儿。走路脚底下小心就好了。"

射手道谢，看着女人随着她的男人转上小路走下去了。

他们走远了，射手想："我的决定是对的。"虽然想用金钱感谢他们，但是因为男人之前的主动讨价，射手反而不愿意给他钱。是的，20 元钱不多，如果他不要求，射手本来会给 50。如果这 50 元钱是射手出于感谢主动送出，针对于他人的帮助是个心意，但却不能对等人家的情谊，50 元钱是少的，人家的情谊是珍贵无价的。但就因为男人开口要 20 元钱，所以射手反而不肯给，因为重要的是中国传统的道德，帮助别人是应该的，如果每个人只一味想着金钱，无论什么事情都想着计较价码，这个社会就乱了，人心就被利欲熏黑了。

无论什么时候，愿意无私帮助他人的善心是需要有的。

日行一善是做父母的应该身体力行教给孩子的做人理念。

所以，从这个意义上来说，这对夫妇和我们是互相地帮助了，他们夫妻对我们的帮助不言而喻，而射手也帮助他们完成了一件善事。

佛学有个理论：施与受同样值得感恩。

和中年夫妻分手后，射手牵着麦兜麦唛的小手儿，走在月色里，一级一级地从台阶走下去。月亮明亮地挂在夜空中，清风吹来略感凉意，射手和麦兜麦唛一起体会“月亮走我也走”的意境。

酒店一步步走近，灯光一点点亮起，伴着人声渐渐传来，射手的警惕心也放松了下来。

回到酒店，走进房间时，麦兜麦唛说：“妈妈，看果盘。”在小几上放着一个果盘，盘中的水果好似在安慰着晚归的我们：“回来了？不用怕。”

电话响起来，是丁老师和他熟悉的宾馆工作人员牵挂着我们母女：“回来了。不早了，赶紧休息吧。明天早上5点起来，带你们去看日出。”

黄山日出

第二天一早，当丁老师和宾馆工作人员来敲门叫起床时，射手和孩子都已经整装待发了。

时间尚早，早餐前，二位带我们参观了酒店主办的摄影展。

细心的二位，早已经给我们母女三人准备好了羽绒服：“早晨山里很冷，大人都受不了，小孩子必须穿羽绒服才行。”我们3个顺从地穿上了宾馆租借的羽绒服，麦兜麦唛在有经验的二位的建议下，穿的是成年人的：“长一点儿小孩子暖和。冻着了就不好了。”

出发时，多了一位中年女士，是酒店工作人员，也是二位的同事朋友，后来射手才明白，原来是特意安排来照顾麦兜麦唛的，真是细心的好人啊。而这位大姐，也的确一路细致地照顾着麦兜麦唛。

天还黑着的时候，我们就已经上路了。据说看日出最美的地方距离狮林大酒店还有半个小时的脚程，去了还要做一些准备工作，去晚了，好的位置会被看日出拍日出的人们占满。

我们到达时，不算早，已经有人在，有看日出的，也有拍日出的已经架好了机位。当然也不算晚，人不多。丁老师也选择了自己的最佳位置开始准备机位。

麦兜麦唛起初坐在一块安全的大石板上，天渐渐放亮时，被喜欢的陌生人拉过去拍照。麦兜麦唛越是小的时候，越是会被陌生人围起来要求拍照。随着她们年龄增长，每当陌生人征询射手意见时，射手都会说问她们自己吧。

麦兜麦唛非常配合，这位陌生的女士顺利地拍了很多张，射手站在她身后，拍了她们，也拍下了她构图中的我的女儿。

早早起床，走山路，初秋穿上羽绒服，苦等的日出，我们如愿看到。丁老师和两位酒店工作人员告诉我们，能顺利看到日出是幸运，有些摄影师一等就是几个月，今年等不到错过了，只好再等明年，因为每年能够拍出心仪图片的很可能就那么几天。

感恩黄山，感恩我们身边的这几位陌生的好人，萍水相逢，因为他们，我们幸运地看到了日出。所以说，天时、地利、人和，才能成就美好的事。

在黄山看日出的那个早晨，正是射手和麦兜麦唛的天时地利人和。感恩！

我们看着太阳一点点地从地平线上爬起来，我们看到对面山崖上投射的日光，我们看到黄山松的枝叶间投射的日光，太阳一点点升起，一点点升起……

日光从紧紧牵住我女儿小手的大姐和我女儿之间投射，最灿烂的是日光下投射的美好的人情。

日光下，麦兜麦唛，脚踏黄山，背靠黄山松，留下了这瞬间的记忆。

太阳升起，人间祥和，每个人都开始自己的轨迹。人们离开了看日出的好地方，黄山上看日出的好位置不止一处。

麦兜麦唛在新鲜的阳光下吃吃喝喝，小朋友还是需要喂养的，吃喝不能少哈哈。吃好喝好才能生长好。好吃好喝才说明是健康生长着。所有爱孩子的父母都会和射手一样吧，看着自己孩子吃东西的样子越看越陶醉，怎么那么可爱呢。

丁老师告诉射手：“刚好有下山的车，已经说好了，你们可以一起下山。”

再见了，好心的人们！萍水相逢，偶遇这真诚，被照顾，也许不会再相见！这就是那个和射手要 20 元钱的中年男子所不具备的无私和友爱。

“老吾老以及人之老，幼吾幼以及人之幼。”这才是美好的人情。

好像听到呼唤，回头看过去，丁老师遥遥地挥手。再后来的某天，射手在 QQ 上得到了我们母女三人这张照片，美好的记忆。

而射手，也在那时，用手机远远地拍下了挥手道别的丁老师。如果我们记得黄山，就不会忘记这位好心的摄影师和他的朋友们。

沐浴在玉龙雪山的一米阳光里

上世纪80年代的中国人，大多渴望着出差，因为可以借出公差的机会走出去看看……自费旅行是很多人想都不敢想的奢侈……

21世纪的现在，背起包说走就走的旅行是流行的洒脱。

物质无忧的时代，旅行成为时尚和需求。

射手和麦兜麦唛的旅途中，遇到各种各样的年轻人，他们因为各自的境遇和个性，有着各种的旅行方式。

准备去玉龙雪山的早晨，两个年轻女孩儿敲开了我们的房门……

沐浴在玉龙雪山的一米阳光里，说着听着做着关于爱情的事……

在青年旅店的房间里，两个年轻的女孩子找来，问我们："听说你们今天去玉龙雪山，已经定好了车，我们也想去。"

射手看着站在门口的两个女孩子，年轻，朴素，礼貌，射手说："走吧，和我们一起，需要准备什么吗？ 20分钟后车来接。"

两个女孩瞬间高兴地连声道谢，说不用准备什么，随时可以出发。

射手看看她们单薄的衣衫，叮嘱道："我正在全副武装地做准备，据说玉龙雪山上很冷，你们也带上厚衣服吧。如果没有厚衣服，听说那里是有羽绒服租用的。"

20分钟后，店家帮助约来的车等候在门口。

很快，我们来到玉龙雪山脚下。天，高远辽阔，湛蓝，云白，清澈。在这样的天空下行走，心情不可能不好，胸怀也会变得开阔。这就是高原的妙处。

射手想起和麦兜麦唛看过的一个故事：有一对父母生下一个失明的女儿，伤心的父母想了又想，如果女儿只能看到一种颜色的话，那应该是天空的蓝色。

射手："麦兜麦唛，那个失明的女孩儿，看到的天空就是玉龙雪山上的蓝色吧。"

两个年轻的女孩子一路悉心照看着麦兜麦唛，而我们放心地看着大女孩儿小女孩儿彼此牵手，互相交谈，麦兜麦唛在这个行程中多了两个大姐姐。两个姐姐也欢喜着偶遇同行的这一对双胞胎。

年轻真好！听着她们在工作之余对于自己旅途的规划和安排，这不是她们第一次的旅程，她们代表着现在的一批年轻人，挣钱，看世界，让自己的好奇心和求知欲在行走中得到满足，让自己的眼界在每一次旅途中不断拓展。她们不甘心拘泥日常生活，不甘心局限在常规工作，她们用自己可能的时间和金钱，最大化地安排自己的旅程，也许吃住都会简单，但是精神却在每一次行走中吸食了更多的营养。她们善于发现各种超实惠的折扣，善于筛选所有交通食宿的优惠，用自己的智慧在现代信息时代实现最优化的旅行。射手很佩服以她们为代表的年轻人的理性规划情怀。

也许她们也在羡慕着我们一家，正如她们所说："你们一家好幸福。"

射手笑着接受："嗯，是幸福，总是幸福过剩地吵架哈哈。"

她们都笑起来，然后表示不相信："真的会吵架吗？"

射手说："当然，我们是那种标准的欢喜冤家，人间烟火的夫妻，不吵架简直不可能。猜猜我们谁吵得赢？"

她们深感不可思议："怎么会？看起来大哥应该是个很温和的人，对您那么呵护备至，不像是会吵架的样子。"

射手说："是吧？这就叫看起来很美。没有完美的人，所以不要迷信完美的夫君，爱情和婚姻其实都是一种关系的相处，所谓幸福的都是相处模式相对好些的。我爱人的确对我很好，我们感情基础也很好的，但是这并不能说明我们不会吵架。而且，我永远也吵不赢他！而且无论对错，最后总是我会去哄着他，因为他是我的爱人，我孩子的爸爸，我为什么要让他生气呢？我们是一体的，他好我才好啊。对外人我们尚且忍让宽容，对自己亲爱的家人为什么要争个高低呢？所以我们谈恋爱的时候就约定，可以吵架，但是不能出口伤人；可以生气，但是不能超过 5 分钟。所以，其实是我在让着这个天蝎座的'霸道总裁'。"

在玉龙雪山上说爱情，说婚姻，而且是对两个年轻的女孩子，很应景儿。因为"一米阳光"的爱情故事就发生在玉龙雪山。

一米阳光，但凡来过云南的人，大都会知道这个听起来谜一样浪漫的词组，也会知道，这个谜一样浪漫的词组背后，一直流传至今的古老爱情故事。

看着年轻的女孩儿们，射手由衷为她们憧憬的未来祝福！

即使是 11 月的淡季，玉龙雪山人还是蛮多的。我们选择乘索道上山。

准备上索道时我们的海拔高度是3356米。下图是在索道上拍摄的。

下了索道又是一个新海拔高度。登上了玉龙雪山的中段，射手摆个小魔女骑扫把的pose，大女孩儿小女孩儿都围过来，于是5个小魔女骑着自己有趣的大扫把，在玉龙雪山的灿烂阳光下，在云南高原辽阔的蓝天背景下，留存这个照片成为时光的纪念。

麦兜麦唛因为之前的旅途颠簸一直没睡够，在来的车上就困倦地睡了。麦兜麦唛，尤其麦兜这时已经打蔫了，不停地打哈欠，说："妈妈，我想睡觉，想吐，

我不舒服。”大而化之的射手妈妈并不会体恤宝贝的难过，反而会用更振奋的精神状态和行为鼓舞她们。想来，小小的孩子遇到这样的妈妈也真是很辛苦！

天蝎之前买了两罐氧气，射手不同意用，射手比较了解自己的孩子，认为孩子主要原因是疲倦，而氧气瓶供氧最好是在必需条件下不得已再使用，射手对自己的孩子很有信心。

天蝎抱起了一直喊不舒服的麦兜，麦兜有些窃喜。可是，还没来得及高兴，“残酷”的射手就批评麦兜了：“一定要爸爸抱着吗？想想，麦兜1岁多就可以不用抱，自己爬上潭柘寺了呢。想想麦兜还爬过比玉龙雪山高很多的黄山，对不对？是要被抱上去还是自己上去呢？”

天蝎一直在说：“没关系，爸爸抱着。”

麦兜犹豫了好半天，迟疑地，不情不愿地，但是碍于射手的威慑力，终于坚持要求下了地。

天蝎转向射手说：“她不舒服，你看她的嘴唇和脸色，她缺氧。”

射手好像完全没听见，过去牵起已经下地的麦兜的小手：“妈妈知道小麦兜很不舒服，这是高原反应，我们来到云南，就到了高原上。如果把北京和云南像两块儿积木放在一起对比，北京就是个小矮个儿，云南就是大高个儿。我们来到云南的雪山上，就好像踩在高个儿的肩膀上。我们距离地面很远很远了，越是到高的地方空气会越稀薄，我们就会难受，就会不舒服。但麦兜是小朋友，小个儿，小肺活量，需要的空气也是少少的。爸爸需要的氧气会比麦兜更多，爸爸背着行李，抱着麦兜，是不是很辛苦呢？”

麦兜不情愿地低着头，点点头。

射手继续说：“总想着不舒服就会更不舒服，如果我们暂时不想它，也许会稍微好受些，加油！来，妈妈牵着小麦兜的手，妈妈和麦兜一起加油。看，麦唛走得多快。”

麦唛本来也有点儿打蔫儿，虽然没有麦兜严重，但听到射手跟麦兜说的话，拒绝了天蝎抱，牵着天蝎的手，已经上了很多台阶，距离我们有一段距离了。

父母一起疼爱孩子，忘记自己的事情几乎是常态。可是坚决不让天蝎抱麦兜麦唛的射手，却是在这里更心疼天蝎夫君一些，逼着小小的孩子坚强。

射手陪着麦兜慢慢地走，被麦唛牵着的天蝎越走越远。两个年轻的女孩儿一直和射手走在一起，帮助射手照顾打蔫儿的麦兜。在天蝎看不到的时候，射手蹲下来，对麦兜说：“来，妈妈背会儿我的宝贝。”

麦兜不肯：“妈妈多累啊。”

射手亲亲麦兜说：“我的小麦兜已经很棒很努力了！而且妈妈相信小麦兜可以依靠自己的力量走上玉龙雪山山顶，但是妈妈现在很想宠爱自己的宝贝，妈妈想背背我的孩子，就好像麦兜小时候背着麦兜一样，因为妈妈还从来没有在雪山上背过我的孩子呢。”

麦兜眨巴眨巴大眼睛，犹豫着笑了。

射手让两个女孩子帮着把麦兜放好在背上。年轻的女孩儿提议说她们来背，射手谢绝了她们的好意，笑说：“这是我们可遇不可求的亲子时间。”

射手把因为缺氧不舒服的麦兜背在背上慢慢地上着台阶，轻声给麦兜唱歌，正如每一个居家的平常日子，随口给麦兜哼唱即兴歌谣：“妈妈背着麦兜，小小的麦兜分分钟长大，多么坚定，多么强壮。妈妈爱我的小麦兜，妈妈在这南方的雪山上为我的麦兜唱首歌……”

麦兜趴在射手的背上，柔软的小人儿，也唱起来：“背背，背背我的娃娃……背着我的娃娃我们回家，回到温暖的家……”是她们小时候射手背着她们回家时经常唱的歌。

麦兜亲亲射手的头发，说：“妈妈放我下来吧，我不难受了，妈妈会累。”

射手说：“我喜欢背着我的娃娃，背着我的娃娃妈妈很幸福！你们再长大些，妈妈想背都背不动了呢。”

当麦唛登到峰顶，高兴地大叫：“妈妈，我第一！”天蝎也紧跟上去转回身时，射手已经悄悄放下了麦兜——麦兜高兴地自己登上了玉龙雪山的峰顶！

我们到达了最高点，不到5000米。玉龙雪山本身海拔也许并不很高，但，它是高原上的高山，是海拔上的海拔。

麦兜对射手说："妈妈，我已经不难受了，我好多了。"

缺氧有时候是个适应过程，也许射手这么说有些人会觉得不科学，但是射手个人认为，个体的差异会决定个体的适应程度。射手可以根据自己和天蝎来判断我们的孩子，麦兜是真的很不舒服，但她只是需要一个适应的过程。看，我们在玉龙雪山山顶平台上滑雪，多么快乐！

麦兜麦唛一路都在期待雪，在她们的设想里，雪山应该是白雪皑皑，很厚很厚的积雪，可以滑雪，有很多雪地项目……但是直到山顶，也还是薄薄的雪，而且和北京的雪并不一样，不仅少，而且干。

射手告诉她们："这里是高原，是南部，这里终年照射着强烈的日光，有雪就是惊喜。"生长在中国北方的女孩子，不会明白南方无雪、少雪的人们对于雪的好奇和渴望。

买的氧气瓶一直没用，天蝎美滋滋地站在射手身边，因为他发现射手原来这么强，他的担心是多么地多余。氧气瓶是因为担心天蝎，射手才同意买的；而天蝎是担心射手和麦兜麦唛，才要做好各项防护："大不了不用扔掉呗。"

或者我们可以送给需要的人，几百元钱的空耗是源于爱，但是爱本身也不会空耗，我们自己不需要可以送给需要的人。

下山时，遇见缺氧严重脸色苍白的人，坐在半山上不去下不来，非常痛苦。射手对天蝎说：

“氧气送给他们吧。”天蝎未等射手说完，已经掏出氧气送给了陌生的旅人。

玉龙雪山，对于北方人来说，动人的不是雪，打动我们的是“一米阳光”的爱情故事。

正值秋季，从玉龙雪山下来，阳光灿烂，司机师傅告诉我们：“今天阳光很好，天气很不错，你们运气很好！”

玉龙雪山终年云雾缭绕，只在每年秋分时节有1米长的阳光照下来，据传说，如果能被这一米阳光照到，就能拥有爱情和幸福……

我们一家曾经沐浴在玉龙雪山的一米阳光里……

不是收尾的尾声

出版这本书的2017年春天，麦兜麦唛已经是三年级小学生了，这本书里写的是麦兜麦唛学龄前的部分旅行故事。

关于旅行，射手一直都认为，不仅仅是能走出去，更要能走回来，在生活里旅行，发现生活的行走才是旅行最高境界……

从这个意义上来说，钱不是问题，问题是有没有一颗善于发现、感知的心！

如果有了这颗心，正如大隐隐于市；如果没有这颗心，则走遍天涯亦无长进。

所以，射手我想再特别强调，旅行，不是追赶时髦，不是满足虚荣，不是享乐，不是人云亦云……

是一颗善感的蕙质兰心！

中国很大，地域辽阔，涵盖了各种地理结构、自然风貌和风情民俗。孩子在行走中国大地的旅途中，了解祖国，建立的是母爱之外更广博深远的自信。

射手总相信，未来，行走在世界的任何角落，自信的风骨有助于孩子更好地看世界，并发现自己，找到最好的自己。

正如孩子的生长分了不同的阶段，新生儿、婴儿期、幼儿期、学龄前、小学生……我们的亲子旅行，也会伴随麦兜麦唛的成长而成长！在自己国门之内的旅行和出国门之外的旅行有些技术上的不同，但终会殊途同归。

从麦兜麦唛6岁开始，我们每走过一个城市，都会在这个城市的书店坐坐看看，这成为一个惯例……

行走的故事暂时写到这里，阅读的故事即将开场……